OZworld× ひすいこたろう

今日、地球人をやめる。

「日常」が面白い「物語」になる
15の裏ワザ

扶桑社

「地球脱出」

ようこそ。あなたをお待ちしていました。

どうぞ、お乗りください。

このUFOでひとまずお月様まで、ひとっ飛びにお連れします。

どんどん
どんどん
上空へ上がっていきます。

上昇してさらに加速して、
上へ上へ上昇していきます。

はい、あっという間に、まもなくお月様に到着です。
月から、地球を眺めると、どうですか？

ここに昨日の自分が見える「キノウ望遠鏡」があります。
こうして地球を抜け出して、宇宙から地球で暮らす、
昨日の自分を眺めるとどうですか？
自分は、がんばっていますか？
周りの目を気にして無理してちょっと疲れていませんか？

思い出してください。
地球に生まれたら何して遊ぼうかなと考えていた〝あの頃〟を……。
ハワイを旅するとしたら、ハワイで何しようかワクワク考えますよね。
それです、それ！
あなたの魂は１００年の休暇をとって、この地球に遊びに来たんです。

僕らは地球に遊びに来た、人生プレイヤー。
「プレイヤー」（Player）って、直訳すると「遊ぶ人」。
あなたは、自分しか体験できない、
「あなたという物語」をプレイしに来たんです。
１００年の夏休み、楽しんでいますか？
それともゲームだということを忘れて、深刻になっちゃっていますか？

この地球遊園地なるゲームは、天の川銀河系の中で最もハラハラドキドキのアトラクションが充実していますので「キャー!!!」って叫びたいことも出てくると思います。

でも、ジェットコースターの正しい楽しみ方は、「キャー!!!」と叫ぶことです。

怖いときは、怖がるのが正しい楽しみ方。

不安な時は、不安がるのが正しい遊び方。

それがゲームのファーストステージです。

そして、予測不能で起こる出来事に振り回されるこのゲームに疲れてきたら、今度は自由自在に、人生という物語を面白く創造できる新しいゲームに挑戦することもできるんです。それが地球遊園地のもう1つの楽しみ方、ボーナスステージです。

今回、あなたを新しいステージに導くために、地球から宇宙に連れ出し、生まれる前の記憶を思い出させるミッションを授かり、ナビゲートさせていただくのは、ワタシ、ひすいこたろうです。

四次元ポケットならぬ、五次元ポケットから100年後の未来の考え方を著作を通して表現する作家として、これまで80冊を超える本を書いてきましたが、それはワタシの地球での仮の姿。

地球ルールという重い重力からあなたを解放し、もっと楽しく生きられる新しい宇宙へ連れ出す預言者（オラクル）、銀河の執事としてナビゲートさせていただきます。

そして、そのために強力な相方《ネオ》を宇宙からお招きしています。

1997年生まれの現在27歳、カリスマ的な人気を誇る、HIPHOPアーティスト・OZworld（オズワルド）さんです。それも仮の姿で、その正体は、地球というマトリックス（仮想空間）から、目覚めのウェイクアップコールを促しに舞い降りた、〝在日宇宙人〟。

銀河の執事と宇宙人、二人がタッグを組んで、新しい世界線の旅へあなたを誘います。さあ、新しい人生を創造していく覚悟はできていますか？

ここに2つのドリンクがあります。
グレーを選べば、元の人生のまま、また昨日と同じ明日が始まる。
グリーンを選べば、不思議の国に誘われ、この世界の真実が明かされ、元の人生には戻れない。そして、これまでと違う、新しい朝が訪れる。

どちらを選びますか？

選んだほうに触れたら、それがスイッチになっています。グリーンを選んだ、勇者。もう古い自分とはここでお別れです。

それでは、新しい物語が始まります。

プロローグ
「地球脱出ゲーム」

プロローグ「地球脱出ゲーム」

人生は、なりたい自分を超える物語。

地球を抜け出して、あなたをもっと自由な宇宙に連れ出すミッションを〝銀河の白ウサギ司令官〟から授かった、執事のひすいこたろうです。

どうもー。
ワタシが銀河の白ウサギ司令官だ。

白ウサギは古代より、スピリチュアルな動物として大切にされてきた神の使いであり、真実を追究する旅の導き手であり、この天の川銀河での私の上司になります。

銀河の白ウサギ司令官が、私をあなたの元に送り込んだということは、司令官は、あなたが真実の自分に覚醒するときに来ていると判断したということです。

これからお伝えすることを理解し、この世界をアップグレードさせる、次なるネオ（救世主）になる準備を始めていただきたい。まずは、生まれてくる前の記憶、改めてこの地球という星の基本設定を思い出してもらいましょう。

この地球は珍しい星です。

愛が溢れた人もいれば、他人から奪うことしか考えてない人まで、ジャンルを問わず幅広い人材が勢揃いしているのです。そんな複雑な人間関係の中で、時間にも追われ、お金にも追われて生きていかないといけない。

しかも、ＳＮＳでは、みんなが自分の一番華やかな部分を見せ合い、どうしたって他人の華やかなところと自分のダメなところを比較してしまう環境で、他人の視線の中で生きていくことになります。

「自分はどう生きたいか。どうしたいか」と自分を感じることをせず、「他人がどう思っているか」ばかりに気をとられ、他人の視線に縛られてしまっているんです。「見る世界」ではなく「見られる世界」、いわば鏡の中に閉じ込められたマリオネットのような状態なんです。その状態で幸せを求めても、どこまでいっても幸せにはなれないのです。

でもご安心ください。そこから、あなたを抜け出させ、視点を自分のハートに戻していただきます。そうして、あなたを真実の世界へ導くのが私のミッションです。

実は、宇宙的に見ても、地球ゲームは難易度が高いんです。

難易度5つ星　★★★★★

ストレス　★★★★★
不安　★★★★★
悲しみ　★★★★★
怒り　★★★★★
絶望　★★★★★

ネガティブ感情が、全て5つ星レベルで体験できる星なのです。

どうりで生きるって大変だったもんなって思いましたよね？
ほんと今日までよくがんばりました。
右手を頭に乗せて、時計まわりに5回まわしてしてしてください。
えらい。えらい。よく頑張ったね。
はい、これぞ遠隔よしよしです（笑）。
でも、地球にはＧＯＯＤニュースもあるんです。

喜び　★★★★★
勇気　★★★★★
希望　★★★★★
優しさ　★★★★★
楽しさ　★★★★★

そうです。嬉しいことも楽しいことも、5つ星の最高レベルで味わえるのです。そして何より、この星は、ありとあらゆることが起きるので、愛を学ぶには宇宙一の環境だといえます。

愛　★★★★★★★★★★

愛を知る環境としては星10個です。

ちなみに、おいしさも地球は星10個です。

おいしさ　★★★★★★★★★★

火星のミートパスタとかめちゃめちゃまずいですよ（笑）。

さて、では、そんなふうに難易度が高いものの、愛を学ぶには最高の遊園地「地球」という星をどう攻略していくといいのか。

まず、地球ゲームを攻略する上で、ポイントになるのが「幸せになりたい」という思いからいち早く卒業することにあるんです。「幸せになりたい」と思うと、一生、幸せを探す罠に陥るからです。

というのも、幸せになりたいと思うから、不幸も生じるんです。

運が良くなりたいと思うから、不運という現象も生まれるのです。

この地球は二元性があることで体験を味わえるように設計されているからです。空腹という状態があるから、美味しいという現象が生まれるように。

なので幸せと不幸せはコインの表裏一体で、本来、分けられるものじゃないんです。だから、何が幸せなのか、本当は誰もわからないんです。わからないものは追いかけようがない。

ここで、幸せよりも、運よりも、

もっと大事なことがあることに気づいてください。
それは自分を生き切ること。
自分を主人公として、自分の物語を生きることです。
物語は、幸せを超えるからです。

だって物語にとっては不幸さえスパイス。
全ての過去は、この人生で一番味わいたいテーマへの伏線。
物語にとって喜怒哀楽はエンターテインメント。
物語にとって、嫌な人、敵は盛り上げ役。
物語では、一番、あれこれ起きる人を「主役」っていうんです。
何も起きない人生を送る人を「脇役」「通行人」という。
映画を見ればわかりますよね？

おじいちゃんが縁側に座って、ずっと「幸せじゃのー」と言ってる映画があったら、きっと「金返せ」ってみんな言うと思います（笑）。

幸せ、不幸せ、運、不運、全部あって、初めて味わえるテーマがあるんです。

幸せになりたいって思ってる時点で、幸せにちょっと負けている。

運を良くしたいって思ってる時点で、運にちょっと負けている。

運命愛。もう、自分の運命を全部抱きしめて、受けて立つからこそ味わえるものがある。それが物語です！

幸せになるのが目的ではなく、あなたがあなたの物語を生き切ることが目的なんです。

全部の感情を受けて立ち、
それを自分の表現に変えるマジックショー。
それがアーティストの生き方です。

そして、いま、一人一人がアーティストとして生きる時代がもう幕を開けてるのです。


どんな過去も、なりたい自分になる伏線。

ストーリーの脚本家はあなた。主演もあなたです。

あとの人は、ノーギャラの友情出演（ありがとう）。


その自分の物語の主役に返り咲くために欠かせない、必須アイテムがあるんです。

それは、日本のヒーロー、ヒロインと言える存在たち、彼ら彼女らの共通点を探してみるとわかります。

それがわかれば、あなたも自分の物語のヒーロー、ヒロインになれるんです。

『ONE PIECE』のルフィ、『鬼滅の刃』の竈門炭治郎、

『名探偵コナン』『HUNTER×HUNTER』のゴン、『風の谷のナウシカ』『鉄腕アトム』『未来少年コナン』『Dr.スランプ』のアラレちゃん、

古くは、桃太郎、一寸法師、金太郎、一休さん、牛若丸……。

ヒーロー、ヒロインの共通点、わかりましたか？

みんな無垢で純粋な子どもなんです。

東洋では、力や知識ではなく無垢な心を持った者が世界を動かすという考えがあり、無垢な者の純粋なエネルギーの流れを「龍」と表現したのです。

つまり、子ども心（遊び心）こそ、無敵の心なんです。

子どもの頃は、正しいか、正しくないかでは生きていなかったはずです。

他人がどう思うかも　あんまり気にしてなかった。

やらなければいけないではなく、
やりたいか、やりたくないか。
楽しいか、楽しくないかに素直に生きていた。
その、子ども心、遊び心を取り戻すのです。
他人の視線から自分の人生を取り戻すのです。

ここでもう1つ、沖縄の、ある会社の話をシェアさせてください。

会社の業績がおもわしくなくお金を工面するために、社長は仕方なく、代々、家に伝わっていた三線《さんしん》（沖縄の楽器）を売る決断をします。しかし、翌日、社長が目を覚ますと、昨日売ったはずの三線がなぜか枕元に置いてあったのです。

ん？　どうしたのだろう……。

実は、社長のおじいちゃんが買い戻していたのです。そしてこう言ったそうです。

「売る順番が間違ってるぞ」と。

「お金に困ったときはまず田畑を売れ。それでも困るなら家を売れ。三線を売るのは一番最後だ」

食べるものより、住むところより大事なのは歌う心。どんなに困っていても、歌う気持ちさえあれば、いくらでも逆転できるということです。そう、それが遊び心です。実際、その会社もその後、大きく成長したそうです。沖縄は、歴史的にも戦場になったりたくさんの血が流れた地です。しかし、その全ての逆境を乗り越え、立ち上がってきた地です。

あなたのミッションは、子どもの心、遊び心を取り戻し、自分の物語の主役に返り咲くことです。

そのために強力な相方《秘密兵器》を私の上司、銀河の白ウサギ司令官が宇宙から呼び寄せています。〝彼〟は銀河でもっぱらの話題で、いつかご一緒したいと思っていました。

地球人に目覚めのウェイクアップコールをしにやって来た宇宙からの使者。

１９９７年生まれ、現在27歳の在日宇宙人！

ＨＩＰＨＯＰアーティストのOZworld（オズワルド）さんです。

どんなときも、歌う心を忘れない地、沖縄生まれで、最南端から最先端で活躍されている、ＨＩＰＨＯＰラッパーとしてカリスマ的な人気を誇りますが、それは地球人としての仮の姿。

最先端の感性を持つ、オズワルドさんは森を「Wi-Fi」と呼びます。

リリック（詩）を書くとき、森（Wi-Fi）の中に行くと宇宙と繋がり、知らない英単語がふと浮かび、調べてみるとちゃんと詩にハマる言葉だったりすることがあるそうです。

森と呼応し、共創造する瑞々《みずみず》しい感性。オズさんのライブは、

「まるで重力から解放されたような軽さを感じられる」

「この世界に本当はルールなどない。もっと自由に生きていいんだ。もっと自分であっていいんだとぶっ飛んだ感覚になる」

「全てをゆるされてる感じになる」

などの五次元体験とも呼べるような感覚を味わう方が多い。

自由にかろやかにぶっ飛べるスペース（宇宙）を生み出すスペースプレイヤー。でも、そのスペースの根底には愛が流れている。

闇も光も裏表と理解し、正義を振りかざすわけでもなく、悪に振れるわけで

もなく、3つ目の視点（オズさんはそれをピーターパンの視点「ピーターアイ」と呼ぶ）で調和を大事にするダークヒーロー、オズワルド。

「かっこつけて生きるのをやめて、（かっこ）なんて制限をとっぱらって、自由に自分を生きよう」

「世界を変えるのは正義感じゃなく遊び心」

「戦争より宴」

「MEではなくWE」

そんなラブ&ピースなメッセージを伝える、時代の最先端。オズワルドさんは超スピリチュアルな感性を持ち、神秘と共に生きながら、同時にデジタル最前線のプロジェクトも手がける超異端な才能の持ち主。ネイチャーとフューチャーを融合させ、理想の世界を創造しようとしているアーティスト、新時代のシャーマンです。

ラッパーとしての顔だけではなく、リアルとデジタルを融合させた世界観を持ち、戦争のような血祭りよりも、もっと楽しくて生き甲斐あるお祭り（宴）をしたい！という思いから理想の世界を生み出そうとする壮大なプロジェクト『Over Zenith』を進行中。

要は歌で表現するアーティストにとどまらない。宴という遊び心を持って、「新世界」というアート作品を創ろうとしているアーティストなんです。ラップは手段の1つに過ぎない。銀河の白ウサギ司令官の秘密兵器と言っていい存在です。

オズさんは靴が欲しいって思うだけで週に3足も偶然プレゼントされるなど、意識という魔法を自由自在に使いこなす、まさにオズの魔法使い。引き寄せマスターでもあります。僕らは、意識という魔法、奥の手が使えるのに、まだそんな必殺ワザを使わずにゲームをしていたわけです。

というわけで、宇宙人と執事、この2人でタッグを組んで、あなたの意識を地球から脱出させます。そして、宇宙視点で自分の物語をもっと自由に、そして面白く創造できる、新しい世界線へ連れていきます。

元々、宇宙由来の魂、宇宙人であった・あなたの細胞のアルバムの記憶が蘇ることでしょう。

地球脱出ゲームの遊び方「取扱説明書」と言ってもいい一冊。

それぞれどちらが書いてるパートかはマークでご確認いただけます。

オズワルド（OZworld） 

ひすいこたろう 

お、目覚めのウェイクアップコールが鳴り出しましたね。
それでは真実の世界に誘いましょう。
今日は、地球人をやめるにふさわしい日です。

この世は舞台だ
そして、人は皆、役者。

地球脱出ゲームの手順（目次）

必要なのは信じることさ。

OZworld HIPHOP アーティスト　地球人としての仮の姿はアーティスト。

沖縄生まれ沖縄育ち。フューチャリスティック・トライバル・ヒップホップを体現するアーティスト。2019年に1st Album「OZWORLD」をリリース。収録曲“NINOKUNI feat. 唾奇”は、YouTubeに公開したミュージックビデオが2,800万回を超える代表曲で、衣装は世界的ブライダルファッションデザイナー桂由美が手がけるYumi Katsuraより提供を受けている。2020年には自身2枚目となる零 -zero- Album「OZKNEEZ FXXKED UP」をリリース。収録曲“Vivide feat. 重盛さと美”では、タレントの重盛さと美との異色コラボを実現させ話題となった。2021年には手巻きタバコ用巻紙メーカーの世界的ブランドRAWオフィシャルソング“龍 ～ RAW ～ ”をリリース。2022年には日本初のeスポーツ専門高校であるeスポーツ高等学院のTVCMソング“Over Zenith -Zero-”をリリース。その後、日本で初めてHIP HOPアーティストとしてプロeスポーツチームに加入し、FENNELの正式メンバーとなった。2023年にはRedbullが制作するマイクリレー動画企画「RASEN」に同郷アーティストのAwich、唾奇、Chico Carlitoと共に参加し、うちなーぐち（沖縄の方言）による独特なRAPスタイルが海外でも大きな反響を呼んだ。また、フィジタル・ジュエリーブランドVOiCEの立ち上げ、3rd Album「SUN NO KUNI」のリリースなど精力的に活動し、国内HIP HOPシーンにおいて不動の地位を築いた。2024年には初の著作となる自伝本『Live Your Adventure. 冒険を生きろ』の発売、映画『ゴジラ×コング 新たなる帝国』日本版主題歌「RISE TOGETHER feat. OZworld / Yaffle × AI」への参加、TVアニメ『青のミブロ』への楽曲提供、更には世界規模で活躍するHIP HOP/R&BガールズグループXGのREMIX楽曲「WOKE UP REMIXX」への参加など、活動の幅を広げた。近年では、リアルとヴァーチャルがリンクする仮想世界「NiLLAND」でのNFTプロジェクト運営、ライブ来場者向けのデジタルコンテンツサービス「UTAGE3.0」の立ち上げなど、HIP HOPの枠にとらわれない先進的な活動を展開している。

X　https://x.com/OverZenith369

Instagram　https://www.instagram.com/ozworld_official/

ひすいこたろう 作家　地球人としての仮の姿は作家。

初恋は太陽系。小学生の時、宇宙の写真集を見て、太陽系、そして銀河のあまりの美しさにときめき、宇宙に恋する。そして、この美しい宇宙のために生きたいと決意。その後、四次元ポケットから未来の道具を取り出すドラえもんに憧れ、「ボクは4次元ポケットから未来の考え方を取り出すんだ」と決意し、小学校ではマンガクラブに入り、ひたすらドラえもんを描き続けた割に絵は下手。「あなたの中の宇宙を復活させて、この星を一番面白い世界線へシフトさせてみせる!」がミッション。80冊の著作を通して、ものの見方を追究し『3秒でハッピーになる名言セラピー』がディスカヴァー MESSAGE BOOK大賞で特別賞を受賞しベストセラーに。他にも『あした死ぬかもよ?』『あなた次第でこの世界は素晴らしい場所になる』（ともにディスカヴァー・トゥエンティワン）、『今日、誰のために生きる?』（SHOGENとの共著　廣済堂出版）、『幸せを超えるノート』（ソラトウミ舎）などベストセラー多数。『人生最後の日にガッツポーズして死ねるたったひとつの生き方』（A-Works）はひすいの魂が炸裂する原点の1冊。YouTube名言セラピーはあなたが登録してくれれば登録者70万人をまもなく超える。今回は、あなたの中の宇宙を復活させることがミッション。OZworldさんのライブを見て、あまりのかっこよさに腰を抜かし、来世は作家ではなく、ミュージシャンで生まれてくるように銀河の白ウサギにすでに依頼済み。チャット GPTに「ひすいさんってどんな人?」って聞いたら、「『他人に厳しく、自分に甘く生きなさい』で作家デビュー」と書かれていた。そんな本、書くかい!（笑）　趣味は世界を変えること。

Instagram　http://www.instagram.com/hisuikotaro/

本の感想はインスタのDMで寝ずにお待ちしています（笑）。

01

「日常」を面白い「物語《ゲーム》」にする方法

地球の遊び方①

勘違いのセンス

アーティストって設定で、地球人やってるOZworld（オズワルド）です。

早速ですが、ここに俺が描いたイラストがあります。

このイラストに手を乗せて、俺が伝えたいことを感じてみてください。

手からインストールできます。

by OZworld

どんなふうに感じましたか？

感じた方、もう、インストールされたので、必要なときに使いこなせます。きっとこれが未来の読書法になっていることでしょう。

よくわからなかったって方もご安心ください。

最後までお付き合いいただければインストールできるので大丈夫です。

そもそも感じたって方もきっと、〝勘違い〟なので（笑）。

実は、勘違いから全ての物語が始まる。

最初に伝えたいのはそこです。

さっき俺のイラストから、何か感じたって方、素晴らしいです。それは勘違いでもいいんです。全ては勘違いから始まります。いいセンスしてます。

「俺はかっこいい」って勘違いから実際、ここまでこれた。

まず大事なのは己を騙すことにあります。

高校ではマジで学力はほぼ最下位から数えたほうが近かったし、3年連続、早退の数と保健室利用が一番多かったんですよ。ただ高1の時に憧れの先輩から「ラップやってみたら？」とHIPHOPのことを教わり、ラップバトルはできないけど、リリックなら書けるかもとネットで「リリック」と検索して、基本のきの字もわからないままに書いたらひとまず書けた。

歌詞の1行目は「ぶち壊したい」

俺らしい（笑）。そして「ラップ、俺ってうまいかも」って勘違いからここまでこれた。

だから勘違いって偉大な扉。

でも、「俺ってラップうまい」と思っていた当時の俺のラップを聴くと明らかにダサいんですよ。完全に勘違いなんです。でも、勘違いして夢中で続けてるうちにうまくなる。


勘違いって、己を信じるってこと。

信じるのパワーの凄さをこのときに俺は発見したんです。

信じるっていう選択した自分を信じてあげる。


そしたらもう誰に責任転嫁する必要もない。

その潔さを持ったら自分の世界を自在に自分で作れるようになる。

このことを知ったのは俺にとってめっちゃでかい。

「俺はかっこいい」とか「俺は行ける」とか誰にも迷惑かからないし、あとは自己探求して自分を知り、自分に合った武器を探して自分の道を信じられる根拠を作っていけばいい。


結局、自分のマインドって、プログラミングされてるだけだから、自分で書き換えることができる。だから、都合よく書き換えちゃえばいい。そのためには、自分はどんなプログラム（思い込み）で生きてるか、まず、自分を知ることが大事になる。

自分は、いま、何に興味を持っていて、何が好きで、どうなっていきたいか、普段から自分を観察し、自分の可能性を探る。

求めてるものをはっきり認知していれば、その情報はちゃんと目に入って引き寄せることができるように、この宇宙はなっている。だから、自分はいま何を求めてるのかは常に考え続けてるし、自分を知りにいく自己探究の作業はいつもしている。そこから自分の立ち位置が見えてくるし、自分は何を武器にして物語を生み出していけるかも見えてくる。

そんなふうにあらゆることを通して自分を知ろうとしてると、実は、目に入ってくるもの、アニメや映画も含めて全て、自分を知るためのヒントになるんです。

アニメを見ていても、自分が何が好きで、どんな未来を作っていきたいか見えてくる。

そして、俺が目にするものは、全て俺が見るために存在してると思っています。

目に入るもの全ては、自分の物語のヒントだと思ってるから全部「自分ごと」で見て、取り込めるものは取り込んで自分の物語の血肉にかえている。

ちなみに、車で信号待ちのとき左側の花壇にある花とか、コンクリートからギリギリ頑張って咲いている花も、もう絶対**「俺に今日、見られるためにいたよな」**と思っています。まあ、これも勘違いでしょうけど、俺はそう思って生きている。

つまり、俺は目に映るものと自分はつながっているという世界観を生きているのです。

座右の漫画は『ONE PIECE』なんですが、ルフィの物語も自分ごととして見ています。ルフィをロールモデルとして、自分とルフィを重ね合わせて、自分の人生にルフィの物語を取り込んで生きています。設定決めて、テーマ決めて、主人公を生きる。もう、中二病と言ってもいい。でも、そうすると、俺の人生と、ルフィの物語が不思議とシンクロしてくるんです。

ルフィの誕生日は5月5日、子どもの日でまさに「ピーターの日」だと言っていいし、誕生日より数秘を調べると俺は369で、ルフィも369。

ルフィはゴムゴムの実を食べたってみんな思ってると思いますが、実は、それはニカっていう、笑い（遊び心）で自由を解放していく太陽の神様の実だったという話になっているんです。自分らのクルーの名前はニカが出る前から「Mr.Freedom」だし、ニカは、思い描いたことはなんでもできるというまさに五次元世界を描いてるとしか思えなくて、俺のいう、サン（太陽）の国の話になってきているんです。「ニカ」は「ニ」＋「カ」＝「五」。組み合わせると「五」の形になるので五次元と符合しますね。そして、ニカはゴムの木、ガジュマルのことであり、ルフィのモデル県が沖縄になるわけです。元々、1997年、俺の生まれた年に『ONE PIECE』は始まっています。

まだまだごく一例で、こんなこと自分で言うのも恥ずかしいんですが、びっくりするくらいルフィとシンクロしているんです。物語を生きると決めると、宇宙ってこんなに合わせてくれる。さすがにおかしいと思うぐらいシンクロするので、俺がそう思った1秒後にそう現実が書き換えられたんじゃないかって思うほどです。宇宙ってこれだけ一人一人に、柔軟に合わせてくれる、すごい優しい仕組みを持ってるので、マジ、みんなも使ったほうがいい！（笑）

38ページに俺のプロフィールがあるけど、全ては、「俺はかっこいい」って勘違いから始まったんです。

本気で勘違いしきって、やってみたら、もう世界、作れちゃいますよ。

変わりたいって思いがあるなら、必ず変われるし、変わりたいって思ってるならアンテナがすでに立っているから、気になった情報があれば自分から取りに行き、違う世界線の根拠を少しずつ作っていけばいい。

HIPHOPアーティストという地球上での、俺の仮の姿も紹介しておきます。HIPHOPって、地べたの音楽というか、小さなことから大きなことまで、いまのリアル（問題）がめちゃめちゃ詰まっている。ネガティブから本質を炙り出しているというか。でもだからこそ、魂に火をつけられるジャンルだと思っている。HIPHOPっていう土台に足をつけながら、どういう未来が本当に一番理想なんだろうって常に考えているし、そのためにいまの状況を疑って生きてもいる。そして、自分がこういう世界を生きられたらいいなって思う世界を作っていきたい。
目覚めのきっかけを与えるのがアートだと思うし、金属探知機に引っかからずに人の懐に入れるのがアートだと思うし、保安検査場を通って、あなたの耳元まで行ってあなたを変えることができるのが音楽だと思う。
もともと、制限をかけないっていう自分のルールがあるので、ラップも手法だし、自分が急に演歌をやったとしてもそれは手法のひとつ。表現したいことに合わせて手法は変わりますが、最終的に伝えたいのが、名前がOZ"world"なんで、自分の世界観なんです。

目を覚まさないといけないこの時代に、自分の見たい世界を作りたいという夢がある。

そのために、何をするかには制限をつけてないんです。だから、見たい世界を実現する手法の1つとして、HIPHOPをやってるし、NFTもやるし、プロeスポーツチームのFENNELにも加入し、こうして本も書きます。自分の見たい世界の1つとして、音楽を武器としたMETA国家を構想してるんです。

そのはじめとして、ソフトウェアの会社も運営し音楽をエネルギー源とし、ライブや楽曲を通じてファンがアーティストに携わることで、自らの生活に必要なインセンティブやユーティリティを得られる新たな世界の創出を目指した『UTAGE3.0』というサービスを展開しています。

そして、それを宴の島・沖縄から成功させる。そう強い意志を持ってやっています。

地球の遊び方②

ときめくテーマを掲げると、人生が「物語」になる

ある子どもが、ハチの大群に襲われて、百カ所近く刺されて、死んでもおかしくない状態だったにもかかわらず、まったく大丈夫だったそうです。

どうしてそんな奇跡が起きたと思いますか？

その子は漫画の『ドラゴンボール』の大ファンで、ハチに襲われてる間、

「ボクは無敵のベジータだ。ボクは無敵のベジータだ」

ってずっと言い聞かせていたんです。

勘違いできたら、無敵なんです。

「俺はかっこいい」って勘違いから、オズさんの物語は始まったといいますが、私の場合は「俺は天才だ」って勘違いしようと思うことから始めました。

漫画『スラムダンク』の主人公、桜木花道の「天才ですから」に胸がキュンときて、いつかそう言いたくて、2004年8月9日に、いきなり天才と名乗り、『名言セラピーby天才コピーライター』というブログを始めたんです。

当時は普通の会社員。もちろん、天才でもなんでもなかったんですが、文豪ゲーテがシャルロッテという女性に恋に落ちて1800通のラブレターを書いたことを知り、それで天才になれたんだと仮説がたったんです。

1800×LOVE=天才。

ゲーテは、愛を込めて1800通手紙を書いたから天才になったのではと。だったら俺も、1800通以上、読者へのラブレターのつもりで名言セラピーを書こうと決めたんです。何があっても1800通書くと決めたってことは、未来には書き終えてる自分がいるわけだから、もう先に天才と名乗っちゃえと。

それで1話目から、いきなり天才って自分を名乗ってブログを始めたんです。

名刺も天才って肩書入れて作りました。恥ずかしくて配れませんでしたが（笑）。

1800×LOVE＝天才。

私にとって、自分は天才だと勘違いできるための道筋（方程式）がこれだったんです。

同じ神社に百回お参りすることで心願を成就させる、「御百度参り」もこれに近い原理じゃないでしょうか。自分で、「これをしたらこうなる」と思える道筋、根拠を見つければいいんです。

結果、2000通のラブレターを書けたんですが、その過程で作家になれて、本当に私を「天才」と呼ぶ人が現れるようになったんです。

勘違い、恐るべし！

勘違いを本当にしていく物語が、人生ゲームの醍醐味です。

「最高のゲーム」とは、自分の人生そのものを胸躍る「物語」（Story）にすることです。

自分の人生に新しく意味を見出し、心ときめくテーマを掲げると「物語の力」が発動し、そのテーマに応じた場面、シーン、出会いが引き寄せられるようにやってくるんです。クルーと新しい大陸に冒険の旅に出るオズさんの人生とルフィの物語が共鳴しシンクロし始めるように。

私は大学生のとき、幕末のサムライ、坂本龍馬の伝記を読んで、涙が止まらなくなったことがあるんです。龍馬のかっこよさは、『人生最後の日にガッツポーズして死ねるたったひとつの生き方』にがっつり書いたのでぜひ読んでほしいのですが、手短に説明すると、命を狙われながらも、どこからも血が流れない革命の道を見出そうと命をかけた革命家、それがRYOMA SAKAMOTOです。

戦争をせずに、江戸幕府から政権を朝廷に返還させ（大政奉還）、７００年続いた古い封建時代を終わらせ、新世界のヴィジョン（船中八策）を提示したRYOMA。しかも、大政奉還がなり、新政府の役職メンバーを選ぶ立場にいながら自分をそこに入れなかったんです……。

「世界の海援隊でもやりますかな」と。

RYOMAは黒船に乗って世界で遊びたかったんです（だから私はリスペクトの思いで、龍馬をRYOMA SAKAMOTOと呼んでいます）。

命をかけた目的は、世界で遊びたかったからだったんです！

命を狙われてるのに自らのボディガードさえまいて彼女と2人で巌流島にわたり花火デートをするようなチャーミングさがあり、自らの命がけの人生を**「大芝居」**と評していた。

クーーーかっこいいでしょ？

RYOMA SAKAMOTOを知り、涙が止まらなくなるほど感動したんです。自分も革命の大芝居を演じられる人になりたいって。

革命とは、命を革（あらた）にすること。

命を新しくする革命家になりたい。

そう、大学の時に、大それたテーマを持ってしまったんです。当時、彼女すらできない男にもかかわらず（笑）。

テーマとは、ミッション、志、なんのために生きるか、生きる理由と言ってもいい。恋焦がれるテーマを持つと、人生が「物語」になるんです。

人生が「物語」になると、それに必要な才能は全部後からついてくるんです。オセロが黒から白にひっくりかえっていくように過去辛かったことが、面白いくらい未来の伏線になっていくんです。

人生とは、なりたい自分になる物語。いや、なりたい自分を超える物語。

作文が苦手だった男が、80冊も本を書くんです。赤面症で人見知りで、人前で話せなかった男が今や台本なしで1万人のステージでも溢れるように言葉が止まらないんです。人ってこんなに変われるんだって自分でビックリしています。

知り合いの映画監督が言っていました。

「ひすいさん、映画って2時間ですけど、何百時間と撮影してるんですよ。だから無駄なシーンって1秒も入れられないんです。たとえば子どもがトイレに行くシーンがあるとしたら、監督は意図的に入れている。子どもの不安を表すとかちゃんとシーンごとに意図があるんです。で、全ての場面、全てのシーンの意図は、この映画で何を伝えるのかという1つのテーマに繋がっていくんです」と。

映画という物語は、過去→現在→未来と時間軸に沿って進みます。しかし、実際は、テーマからゴール（未来）が先に決まって、そのための伏線として過去、現在が生まれてきます。人生も一緒です。

テーマを決めると、そのテーマに応じた場面、シーン、出会いが宇宙からやってくるんです。

ペンキ画家ショーゲンさんとの共著『今日、誰のために生きる？』は26万部売れて2024年度、単行本のノンフィクション部門で、日本で2番目に売れた本になりました。ショーゲンさんと出会ったのは、温泉で、偶然、声をかけられたことから生まれた本です。

偶然、温泉で会った人とです。こんな偶然ってあるんでしょうか……。

自分が掲げているテーマが、それに相応しい人を呼び寄せているとしか思えないんです。


人は「意味」を食べて生きる生き物です。

あなたは自分の人生にどんな意味を持たせますか？

意味を持たせると、この世界は物語を生み出そうと働き、起こることが伏線になってくるのです。


これが本当、面白いんです。どの国にも語り継がれる神話があることを見ても、物語がいかに潜在意識に深く入り込み、現実を動かす巨大な力になるかわかるはずです。

漫画やアニメをいっぱい見ることで、子ども心が再起動します。その上で、好きなキャラクターの物語を利用しよう。

そして、あなたの人生のときめくテーマ、作戦名を決めてほしいのです。

すると、あなたが主人公となる物語が今日から発動します。


遠慮はいらない。

さあ、銀河の大芝居を始めよう。

主役は、あなたです！

追伸
「物語」の話のおまけとして、オズさんの処女作『Live Your Adventure』も合わせてぜひ読んでほしいんですが、この本の中で、サードアルバム「SUN NO KUNI（サンノクニ）」に込めた物語をこう解説してるんです。

オズさんの世界観（物語）がよくわかっていただけると思います。

1曲目から最後の13曲目「MIKOTO ~ SUN NO KUNI ~（feat. 唾奇 & Awich）」のすべてに意味があって、全体の流れにも意味がある。

簡単にいうと、古代の神の言葉をテーマにした1曲日「Hey Siri,ヒフミヨイ（feat. KUJA & Grace Aimi）」から始まって、宇宙が創造され、地球が誕生する「PANGEA（feat. DALU & Celeina Ann）」。

魂はアバターを選ぶように肉体を選んでこの地球の世に生まれ落ち、肉体があるからこその苦しみや喜びと向き合うのが3曲目の「Compflex」。

宇宙では星たちが何度も滅びて新たに生まれを繰り返し、どこかの星からはUFOも飛ばされるのが「META EDEN（feat.ピーナッツくん & PIEC3 POPPO）」。

違う星や世界のことを知ってフラットで無重力な世界と陰陽を理解していくの

が「BALANCE」。

「GOD BLESS MAGIC」では時には違う国や星に入植し、戦ったり滅びたりすることもあるけれど、その不自然さに気づいた人から龍に乗って次のステージに上がっていくのを表したのが「Dragon Rider」。

だけど「VOiCE（feat. JP THE WAVY）」で語るように次のステージでも新たな課題はあり、悩んだり苦しんだりする。


「Atreides」では一人の人間（1）と一人の人間（1）が恋をして2人になり、子どもが生まれ、3人になることが示唆されている。そろそろ繰り返しはやめて地球に落ち着こうかというのが「地球FINAL」。そしていろいろ頑張った魂たちが地球に帰り、そして俺は沖縄に帰るのが「龍～ RAW ～」。

次の「Gear 5（feat. ACE COOL & Ralph）」ではすっかり覚醒して。最後、二

次元で曖昧な関係値だった「2」が「3」という崇高な数字へと変化を遂げるのが、ラストの13曲目「MIKOTO ~ SUN NO KUNI ~ (feat.唾奇&Awich)」。「3の国」であり、「SUN（太陽）の国」。陽出づる国——つまり、日本はその始まりを起こす国だと思ってる。

壮大な世界観でびっくりですよね？
アルバムにも、これほどの物語をこめているんですね。
同じように、自分の人生も物語にしていくんです。
自分の「物語」を「神話」にする。
二度とない人生、それくらいの勢いでちょうどいいと思います。

地球の遊び方③
世界を変えるのは正義感じゃなく遊び心（ピーターの心）

「世界を変えるのは正義感じゃなく遊び心」

俺はそう思っています。

そして、興味のあることをめちゃくちゃ深掘りして、その好きなことで頭の中をいっぱいにしていたい。子どものときの遊びを今に至るまでずっと続けているような感覚で俺は生きています。

制限のない遊び心を持ち続けて、挑戦し続けて、楽しいものを見つけてほしい。たくさんやってみて、たくさんあきらめてみて、いろんなものに挑戦したら本当に自分だけの武器って絶対見つかる。

1個のことを辛いのにやり続けるんじゃなくて、好きでいられるものを見つけられたら、絶対に最高な人生になる。

それが俺の基本姿勢。で、いいなって思った物語をどんどん取り入れて、子ども心、**ピーターパンの心（ピーターの心）**で自分の物語を描いていく。すると次第に、自分の世界線がはっきり見えてくるから何が必要で何がいらないのかもわかってくる。

それはもう子どの頃からそうで、俺は頭の中で想像してよく遊んでいました。机があったら、そこを街だと設定して、ポケットからおもちゃを取り出して、設定考えてストーリーつけて頭の中でドラマが始まるみたいな。

それがめちゃくちゃいまも生きてるし、その妄想が俺のビジネスにも繋がっている。

どこまでも想像力を膨らませて、妄想して、このガチガチ

の現実に、ファンタジーを吹き込んで現実をゆらがせて、新しい世界線に移行していく。机1つからでも、クリエイティブは発動できるし、そういう想像力が、いまの地球人に必要だと思う。

想像して遊ぶことは、もう俺の日常。想像力は俺の友達だと言っていい。

そして、俺が遊び心を大切にしてるのは、実は、俺の根本がもうスーパー真面目だからってこともあるんです。

周りからも、根が真面目すぎるってよく言われるぐらい真面目だし、真面目すぎてつまらないって自分で思うときもある。だからこそ遊び心を大事にしてるんですよ。そう見えないかもしれないけど(笑)。

基本、人に迷惑かけたくないし、人に嫌な気持ちになってほしくないから、周りの人の気持ちにめっちゃ敏感だし、冗談のウソを言っても、もう1秒で「ウソウソ」って言っちゃう。別にギャグなんだからいいのに、1秒でもこの人にウソついた自分が嫌だし、それをこの人が受け取るのも嫌。だから冗談言っても3秒も待てずに、1秒で「ウソウソ」と言ってしまう（笑）。根が真面目だからこそ、そのままいくと疲れちゃうから、対極に、遊び心を置くことを忘れないようにしてるんです。

たとえばレコーディングスタジオで曲の制作をして、スタッフももう疲れてしんどいってときでも、俺はまだまだやるって真面目さがあって、朝方4時に終わって、みんながやっと寝れると思ってる横で、俺は「よし終わったからゲームしよう」なんです。これだけ何時間もレコーディングしてたのに、ゲームやるんだみたいな（笑）。でも、そこは自分にとっては大事なポイント。

遊びをどこかにちゃんと作っといて心の担保をしないと、全てが真面目に仕事をしてるみたいな感覚になると、自分のテーマである自由が制限されてる感覚になってしまう。だからどんなときも、ちゃんと遊びを入れることを意識している。

レコーディング自体も、俺たちはスタジオにこもるのではなく、沖縄の北部の自然の中でAirbnb（エアビ）で一軒家を借りてリビングにマイクを立ててレコーディングをしたりもする。仲間が小さい子どもを連れて遊びにきて、そこらじゅうを走り回って遊んでるし、ベランダではバーベキューをしたり、そんな中でレコーディングをする。俺のマネージャーの後藤さんは音楽業界が長いのだけど、「こんなアーティスト見たことない」と驚いていたけど、これも遊び心です。

学校の放課後、家に帰ったらゲームしようって思うだけで、学校を頑張れたりしなかった？　ちゃんと「遊びのExit」を用意しておくのもセンスだと思う。

なんでもいいんです。好きなもの、気づいたらやってること、人には無駄だって言われてるものでもいいし。そういう遊びの時間をちゃんと自分にプレゼントしてあげる。

自分のライブでももちろん、遊び心は大事にしていて、だから俺はライブを「アトラクション」だって思っている。なので、いつも**「シートベルトを外してきてください」**と言っています。

根が真面目だから、深いところにガーッと落ち込む日もある。真面目だからこそ、「こうであるべき」という正しさが迫ってくるんだけど、そこから逃れるために遊び心でジャンプするんですよ。正しさ、真面目さに遊び心をチャンプルして（混ぜて）、表現（クリエーション）に変える。真面目だからこそ、意識的に、両極である「遊び心」を置くんです。

地中深く、悩みに埋もれてるときこそ、自分の心の中にある、地上に繋がる遊び心トンネルを見つけるんです。

これはみんなの中にも必ずあります。みんな子ども出身なわけですからね。

遊び心の存在はまず感覚で言うと、重たくない。やわらかい。あたたかい。頭で考えて楽しいではなく、もう自然とワクワクしてる状態。ふざけてるような感覚。それが遊び心です。

その真逆なのが、「何々をしちゃいけない」っていう制限です。規律戒律とか、「やっちゃいけない」「しちゃいけない」というやっちゃダメな縛りが出てくると、それが奇跡を起こさなくさせている原因（トラップ）になる。

真面目なのはいいけど、真面目すぎるとかたくて、冷たいイメージになる。

その遊び心の感覚を磨くには、遊びのプロである、子どもたちがやっていることを生活に取り入れるのが一番。

子どもは、お母さんが「やっちゃダメ」ってことみんなするでしょう？（笑）制限のないのが子ども心です。無駄なこともいっぱいやるのが子ども。逆に大人は、お金になる、効率がいい、など何かの役に立たないことはできなくなっていく。無駄なことができるゆとり、それが遊び心。

俺は、移動中に漫画を読むし、ライブ前だろうが遅くまで、めちゃくちゃゲームをする。

「やっちゃいけない」をなんでもやる、遊びのプロであり、未来からの使者が、子どもです。本当は、子どもが先生なんです。

ピーターの心は、まだあなたの中で死んじゃいないはずなんです。

最後にちょっと脱線しちゃうけど、俺はめちゃめちゃゲームをするんだけど、ゲームこそアートの最高峰だと思っています。音楽があって、映像があって、そこで自分が能動的に動けて、映画以上のストーリーがある。もう、総合芸術。いよいよそれを証明したのがメタバースで、もう、人間が宇宙作っちゃった。しかも三次元の物理法則を無視したことが何でもできてしまう体験ができるわけだから、その感覚をゲームの中でインストールするのはとてもいいと思う。

地球の遊び方④

魔法使いとは、意識（意味）使い

自分の人生を物語にするにあたり、知っておいてほしい話があります。山口周さんのベストセラーになった『ニュータイプの時代』において「役に立つ」から「意味がある」という話がありました。

「役に立つ」を縦軸に、「意味がある」を横軸に置くと、4つの窓ができます（次ページの図参照）。

そこにそれぞれ該当する車を入れてみます。

このとき、最も高い値段で売れるのはどの窓になると思いますか？

まず左上（①）「役に立つけど意味はない」を代表するのが日本車です。日

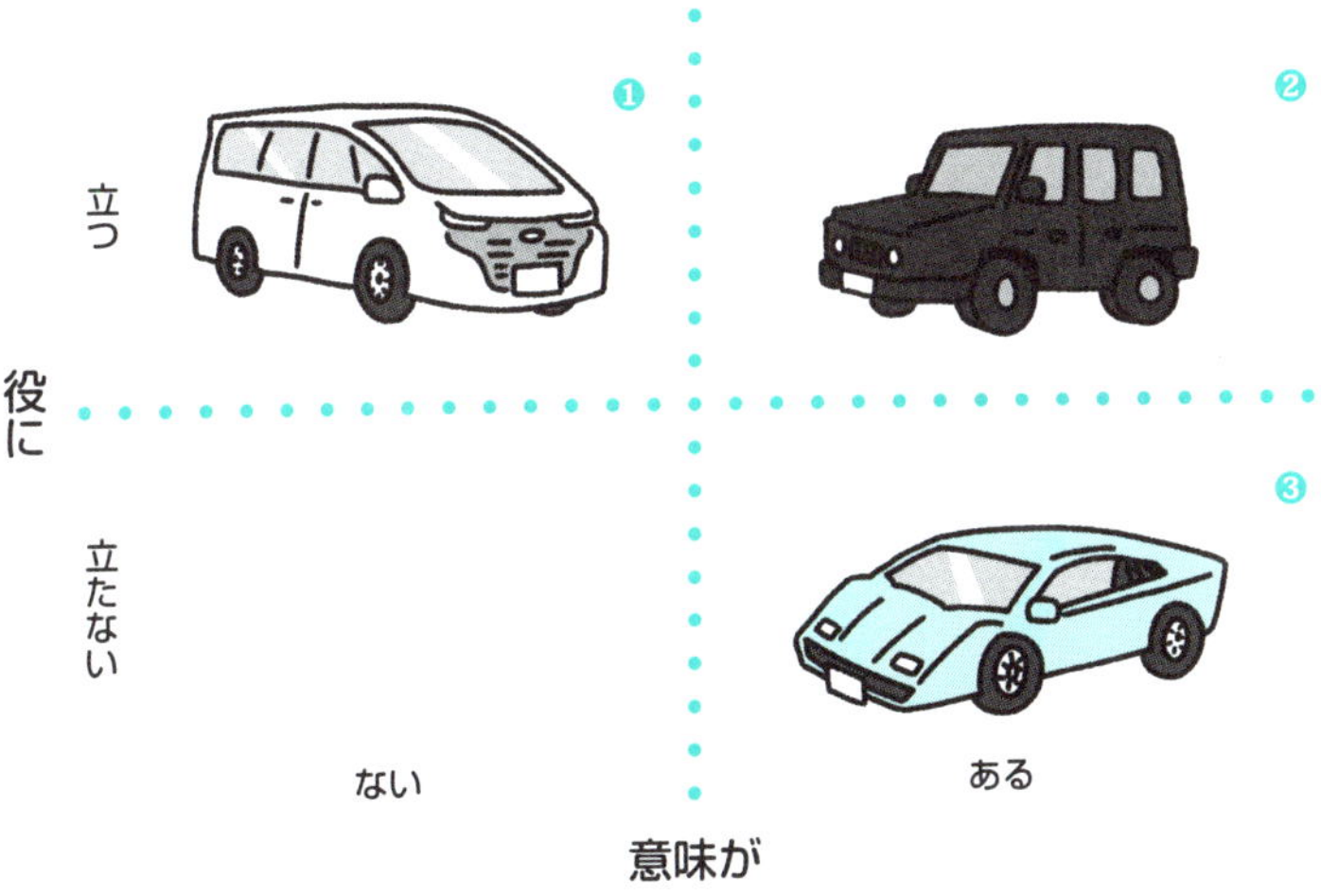

「役に立つ」より「意味がある」にプレミアムが払われる時代

本車は「快適で安全な移動手段という便益」を提供しているけど、特に「自分の人生にとっての意味合い」などは提供価値に含まれていないと山口さんは指摘しています。この価格帯は100万円〜300万円。

次は右上②「役に立つ上、意味もある」。これは、ドイツのBMWやメルセデス・ベンツに代表されるような車です。「快適で安全な移動手段」という物的価値に加え、「BMWに乗るという意味」という感性価値もあります。この価格帯は500万円〜2000万円まで上がります。

最後は右下（③）「役には立たないが意味はある」。

これは、フェラーリやランボルギーニなど、いわゆる「スーパーカー」と呼ばれる車種になります。スーパーカーの多くは数百馬力のエンジンを搭載しているにもかかわらず、大概は2人しか乗れず、荷物も詰めず悪路も苦手で燃費も悪く爆音でうるさい。そもそも日本の道路ではそんなにスピードを出せないんです。

つまり「快適で効率的な移動手段」という側面からはまったく評価できないわけですが、そこに意味《ロマン》があり、物語があるんです。そして、この価格帯こそが一番高く、3000万円～1億円以上です。

つまり、「役に立つ」ことよりも「意味《ロマン》がある」ことに人は最大の価値をおくんです。

どんな意味を持たせるかが、人生の面白さになるってことです。

地球ゲームを楽しむために、自分の人生に、どんな意味を見出せるか、そこが鍵を握っているんです。

どんな意味を見出すか、それが物語の始まりとなります。

また、意味を見出せると人は強くなれるんです。人は困難でつぶれるわけではなく、困難をのりこえる意味が見出せないときにつぶれるのです。

「アーティストって設定で、地球人やってるオズワルド(OZworld)です」

私は、オズさんの冒頭のこの挨拶にめちゃめちゃ感動したんです。

それだよ、それって(笑)。

で、オズさんは地球人に目覚めのウェイクアップコールをしにやってきた宇宙人という設定で、アーティスト活動をしてるわけです。まあ、設定ってことにしてますが、本当は実際に宇宙人なんですけどね（笑）。

さらに、オズさん「ミロクの世（理想的な世界のこと）で人間になったら」という設定で生きてるんだそう。そんなふうに自分の人生に意味を見出し物語にして、自分の人生を軽やかに遊ぶ姿勢に共感したんです。

というのは、私自身も、恥ずかしながら、こんな物語（妄想）を生きているんです。

古い文明を終わらせて、新しい宇宙文明に誘うメッセンジャーたちはこの時代に照準を合わせて世界中に生まれてきている。それぞれの分野でこの星の意識進化を促すプロジェクトが水面下で進んでいて、そのプロジェクト名を「銀河の祭り」という（そう私が勝手に名づけている）。

ひすいは、その中の「ニュージャポニズム部」に所属。この部署はニッポンの叡智をアップグレードしていくことが主な任務で、この部署の直属の上司はケンちゃんこと宮沢賢治さんとRYOMA先輩です（だから僕の妄想ですって）。こんな物語設定で私は毎日ワクワクして生きているんです（笑）。

そんな妄想が始まったきっかけは、宮沢賢治の小説『銀河鉄道の夜』。この小説の中で**「銀河の祭り」**という表現が目に飛び込んできたことにあります。その言葉を初めて目にしたとき、「俺がやりたいのはこれだ！」ってなぜか思っちゃったのです。

私の人生のテーマは「銀河の祭り（宴）」だって。

地球人を意識進化させる革命。それが「銀河の祭り」だって。それをやるために私は生まれてきたって。そう思っちゃったのです（笑）。

好きな小説や、好きな漫画、アニメ、映画で、自分がワクワクするキーワード、設定、生きる意味をうまく自分の物語に取り込んでいくと、退屈しないんです（笑）。そして、物語の力が発動して、シンクロが起き始め、実際に現実が動き始めるんです。

驚いたのは、宮沢賢治は小説の中では「銀河の祭り」の日がいつなのか明記してないんですが、賢治は天文の知識があるので星の配置から、「銀河の祭り」の日がいつ設定なのかわかるように書いていたことを考察した方がいたんです。その方の本を読んでいたらビックリしたんですが、宮沢賢治が設定した「銀河の祭り」の日は、なんと私の誕生日だったんです。しかも、私が会社員時代に働いていた会社が、宮沢賢治の東京の下宿先のすぐ近くで、そこで賢治は大量の原稿を執筆していたんです。これも偶然。

賢治の書く童話を誰よりも楽しみにしていた妹のトシさんを賢治は作品の中

で「とし子」と呼びかけてるんですが、私の初めての彼女さんの名前でもあります。

これは流石《さすが》にただの偶然ぽい感じですが、とし子さん、お元気ですか？（笑）

テーマや意味、設定を掲げると、不思議と、その根拠が自分の過去・現在・未来に出現してくるんです。

あなたの遊び心（意識）に宇宙は怖いくらい呼応してくれるんです。

一般的には、時は過去から未来に流れ、「原因」（過去）があって「結果」（未来）がある。この流れが地球ルールですが、宇宙ルールは違います。

自分の人生に新しい意味を見出すと、その「結果」（未来）になるような「原因」（現在）が現れてくるようになるんです。時間が反転し、未来から現在へ時間が流れてくるようになる。

それが「物語の力」です。

実際、先に伝えたように物語（映画）はそのようにできています。テーマが決まると、ゴールが決まって、伏線が決まって、シーンが決まり、出会いが決まっていきます。テーマが先なんです。


オズさんは、地球人にウェイクアップコールを促すためにやってきた宇宙人って設定にルフィの物語が加わり、人生が、五次元世界に地球人を誘うメッセンジャーの物語に俄然なってきているんです。

オズさんと私の座標軸がこの本で交差したのも、私が人生に見出した意味と、オズさんが人生に見出した意味が交差したからだと思っています。


物語の鍵を握るのが、遊び心を持って、自分の人生に意味を見出すこと。

意味だけではダメ。そこに遊び心という純粋無垢なエネルギーを流し込むことで、初めて意味に命が宿るんです。

ちなみに「ひすい」こたろうというのは、ペンネームで、「ひすい」は、縄文時代に最も大切にされた石の名前が由来です。1万年以上、縄文人に愛された歴史（記憶）、愛された物語を自分の人生の物語に組み込んでいるんです。

子どもの頃、父が、ひすいの産地として有名な新潟の姫川によく連れて行ってくれたんですが、そこで遊ぶのが好きだったんで、「ひすい」という名前をお借りしたんです。それは父との楽しかった思い出の記憶でもあるんです。

つまり、「ひすい」という名前は、1万年以上、縄文人に大切に愛された記憶であり、父との楽しい思い出であり、さらに、そこに純粋無垢な私の子ども時代（ワンダーチャイルド）の感覚（遊び心）を呼び覚ますトリガーになっているんです。

そうやって、あなたの中の愛された記憶も復活するようにという意味を込めて自分の「氏名」に「使命」という息吹を吹き込んでいるんです。

意味を込めると物語が発動します。

ディズニーランドの入り口にも意味が込められてるんですが、気づいてましたか？

入園する際に必ず通る入り口のチケットブースのところの床だけが赤色になってることに気づいてましたか？

なぜエントランスの床だけ赤なんだと思いますか？

あの赤い床はレッドカーペットを示しているんです。

お客さんをＶＩＰとして、おもてなしするという意味を込めてるんです。

日本の神社だって、参拝することで実は新しく生まれ変わるって意味を発動

神社は女性の子宮に重ね合わせている

させるようになっているんです。『引き寄せるすごい「家」』の中で書いたんですが、神社は、意味的に女性の子宮に重ね合わせており、「新しく生まれ変わる」（誕生）という働きが生じる装置になっているんです。「鳥居」は「女性外陰部」であり、「参道」は文字通り「産道」。その奥には「お宮」（子宮）があります。

男女のまぐわいと、人と神が交わる場所という意味を重ね合わせているわけです。

意味、それは意識の結界なんです。

魔法使いとは、意識使いってことなんで

す。
その意識のエネルギーを最大限にするのが子ども心、遊び心なわけです。
「意味」を種だとするなら、「遊び心」は土壌。どんなにいい種も土が悪いと発芽しないわけです。

「意味」（意識を込める）×「遊び心」＝「無敵」です。

人生は遊びだ。
君は遊ぶために
生まれてきたんだよ。

02

「俺たちは地球にいる
エイリアン」

地球を脱出し、
宇宙人になる方法

地球の遊び方⑤
俺たちは地球にいるエイリアン

by OZworld

俺はゲームが好きなのでゲームをよくやるんですが、ゲームの中で傷つくことがあっても、実際のプレイヤーである自分は傷ついていない。

同じように、光の世界の住人だった魂が、別の次元である地球に遊びに来ている。それで、ゲームとして、いろんな問題と向き合ったり、時に傷ついたりしている。

自分というアバターの本当のコントローラーは、大いなる自分で、全てがパーフェクトで、絶対的な安心感がある光の世界にいる。だけどそこにずっといるのは退屈だから、いろいろな問題のある次元に人間としてわざわざ降りてきている。

俺はそう考えている。というか、そうだと知っています。

「俺らは地球にいるAlien」

と歌っているのも、ここから来た発想。

肉体がある限り、怪我をすれば痛いし熱いものに触れれば火傷《やけど》する。だけど「意識」はもっと奥の奥の超安全なところにいて、肉体が感じる痛みを「幻」と紙一重の感覚で体験しているんじゃないだろうか。そんな風に考えてみると、深刻だった現実が、ちょっと違って見えてこない？

現状に課題や悩みを抱えてるときは、一旦、自分の座標軸を地球から宇宙へ脱出させて俯瞰《ふかん》して見てみればいいんです。

俺は、ライブ前に、視点を地球から一旦出すという「宇宙瞑想」なるものをやっています。

どうやるかというと、まずは目をつぶり「瞑想をしている自分」を外側から見ている感覚にまで、意識の座標を上げていく。

「そんな俺がいる建物」を外から見ているイメージまで引き上げて、さらに「その建物がある○○市」「○○県」「○○国」など、どんどん引きの視点でGoogleマップみたいに上へ上へズームさせていくんです。最終的には宇宙に飛び出してもう上がれないというところまで上昇し、「地球を見ている自分」くらいまで意識を上に持っていく。

そこは、もう地球次元の悩みやカルマも何もない、不要な想念も届かない。澄んだかろやかな世界。大いなる自分と繋がっている世界。

実際、飛行機に乗って1万メーター以上の上空を飛んでるとき、カルマが消えると聞いたことがあるけど、確かにちょっと意味がわかる。もう、そこに不純物（カルマ）を持ち込めないんですよ。地上だと、電波に乗って、人の意識の周波数も飛び交っているけど、上空1万メートルまでは届かないので澄んでいる。だから飛行機に乗ると、「はい、はい、キター!!」ってめっちゃアイデアが降りてくる。なので、最初は、飛行機に乗ってる感覚を思い出す感じでこの宇宙瞑想をやるといいと思う。

その宇宙空間でしばらくフワフワして、適当なところでまたヒューンと下に戻ってくるような感覚。これが俺のライブ前のお決まりの儀式。

「今日のライブでなんの話をしようかな」と机の前でトーク内容を考えるより、宇宙瞑想するほうがはるかに効果があった。これで、今の自分にちょうどいい言葉が勝手に出てくるようになった。人前で何か発表したり喋ったりしなきゃいけないときに緊張しちゃう人は、ぜひやってみて。

たとえばトイレの中にいてトイレの中のことしか意識していなければ意識範

囲は「トイレの中」に収まってしまう。しかしその範囲を少しずつ広げることで、いろいろなことに気づいたり、感じられるようになる。意識という翼を広げたところまでが自分が領域展開できる範囲になる。

「宇宙瞑想」はテレビや映画や漫画など、実際に目で見たものは頭に思い浮かべやすいので、引きの視点をイメージするときはそういうビジョンを頭に浮かべて、少しずつ自分を俯瞰するように視点を引いていくとやりやすい。

俺も最初は「まずはこの視点」「次はもうちょっと引いてこの視点」と、ちょっとずつ視点を引いていき、いまは一気に地球を眺めるところまでヒューンとイメージできるようになった。そうやって少しずつ想像力を養っていった。

いま、抱えてる悩みや課題があれば、それを宇宙からの視点で超俯瞰で見てみると問題が小さく見えてくるし、新たな気づきも生まれる。たとえば、この悩みは、単純にスキルがないってだけの話で、だったらスキルを磨こうと課題がはっきり見えることもある。

俯瞰することで、自分なりの答えも見えてくる。ロケットが、必要じゃなくなったものを切り離して身軽になって加速していくように、上に行くにつれて、余分なものが剥がれて本質が見えてくる。

そもそも目をあけて考えても答えが出ないものが「悩み」と言われてるわけで、だったら今度は目をつぶって俯瞰して感じてみたらっていうのが「宇宙瞑想」。本当の意味で目を開くために目をつぶるのが瞑想で、目をつぶったら、もう自分と向き合うしか逃げ道がなくなる。

「宇宙瞑想」を始めたきっかけは、外側（現実）で自分に起きていることの答えを自分の内側に探しに行きたかったから。結局、自分の人生を決めてるのは自分で、不安を感じてるのも自分だし、不安だけど楽しもうって思うのもまた自分だし、結局、ジャッジしているのは自分だから、その大元を内側に解明しに行こうと思ったんです。

やっぱり、ここでも大事なのは自分を知ること。

自分を深く知ることで、より深く宇宙と繋がれるようになる。

この「宇宙瞑想」は誰もができる方法だと思う。いまは無意識にもできるから、逆に最近は、ライブ前、どれだけ自然体でライブ本番を迎えられるかを大事にしています。いかにいつもの自分のままステージまで行けるか、ギリギリまで自然体のままいくことを心がけている。

というのは、今ここも宇宙だから、一番すぐに宇宙へ行きたかったら、いま、ここで目をつぶってみればいい。なんなら自分も宇宙だ。俺らの体の元素はもともと、全て星の中で合成されたものだから、体は星のかけらでできていると言っていい。

だから、自分は宇宙人ってブランディングしたのは、本当にそう思ってるからで、みんなも本当は地球にいるエイリアンなんだよ。

地球を脱出して地球を見る視点。これが宇宙人の視点であり、地球人もいよいよ宇宙人として宇宙視点で生きる、目覚めのときだと思っている。


そして、宇宙から自分を見る、これはまさに俺の大好きなゲームの視点でもある。ゲームにおいて、主人公は、画面の中（二次元）にいるけど、実際は、コントローラである俺たちは1つ上の次元、画面の外（三次元）にいる。上の次元から、人生を俯瞰する。この視点こそ、ゲームの本質であり、遊び心の源泉となるんです。

地球の遊び方⑥
ロケットに乗って宇宙へ行こう

私からは、ロケットで宇宙へ飛び出す方法をお伝えしましょう。

これをマスターしたら、もう地球卒業です。では順を追ってご説明しますね。

「直感は当たる」「直感が大事」と言われますが、実はそこには注意が必要で、いい状態のときに閃《ひらめ》く直感は確かに当たるんですが、いい状態じゃない時に思いつくものは、ただの欲だったりする。だから最初に大事になるのは心をいい状態に整えることなんです。そのためのスキルの1つが「瞑想」です。

「瞑想」を最初に教えてくれたのは、私が最初に入社した会社の社長さんでした。

社長は、誰よりも早く出社して瞑想していたんです。やり方はすごい簡単で、肩の力をぬいて背筋をスッと伸ばして座り、呼吸を整え目をつぶる。そして声には出さず心の中で「我は無限なり」って言葉をマントラを唱えるように胸の中心から数回響かせるんです。イメージとしては目をつぶると、そこはもう宇宙空間で、その宇宙空間に「ワレハ　ムゲンナリ」という言霊を響かせる感じ。数回響かせたら、あとは、ただただ、自分はこの無限宇宙と1つであるという感覚でいるだけでOK。脳波測定器が会社にあったのですが、確かに瞑想をすると脳波のアルファー波、シータ波が優勢になることが確認できました。

社長の場合は瞑想の後に、ふと閃くことがあるそうで、それを1日の最初にしていましたね。たとえば、ふと、ある社員の顔が浮かぶときは、朝一番で、その社員に声をかけていました。「最近、どう?」って。すると、「いや、実は……」と、ちょうど悩みを抱えていたりするようなことがよく起きていました。いい状態でいると、閃きがきて、何をすべきかわかる。

最初に整えるべきは、心の状態。何をするかの前に、状態が全てを決めるのです。

いまは、潜在意識の専門家、藤堂ヒロミさんから教わった方法を元に勝手にシンプルにアレンジして「ロケット瞑想」なるものにして3分ほどやって心を整えてから、仕事に向き合っています。その「ロケット瞑想」、偶然ですがオズさんのやってる「宇宙瞑想」とそっくりなんです。

自分の背骨がロケットだと思って、お尻の骨のあたりがジェットエンジンで、ロケットの先端は頭のてっぺん。で、ロケットの先端である頭の頭頂にスッと意識を入れてジェットエンジン全開にして上へ上へ飛び出すんです。

天井を超えて、雲を超えて成層圏を脱出し、地球の引力からも脱出し宇宙へ飛び出す。宇宙に飛び出すところはオズさんがやっていた瞑想と一緒ですね。


ロケットを切り離すように、重い荷物をどんどん切り離して加速していく。で、1分ほどで、宇宙の根源に辿り着くイメージ。

見渡す限り、美しく光る宇宙の根源空間をゆったり楽しむ感じでそこで2分ほど過ごします。帰りは、スッと一瞬で肉体の頭頂に戻ってくる。時間にして全部で3分ほど。


その時々、知りたいことがあれば、根源宇宙に漂ってるときに聞きます。

「いま、オズさんと100年後にも残る、地球のバイブルを作ってるので、本来に存在するその本の情報を教えろ」と心の中で宇宙に命令し、その情報がダウンロードされるところをイメージします。自分が作りたいものは、未来にはもうできてるはずなので、未来にあるその作品を感じて、最初にダウンロードしちゃうイメージです。ちなみに、この原稿を書くときも、毎回ダウンロードイメージをしてから書いていました。

あと、宇宙に聞き出す際に命令するのがポイントです。「お願いします」だと自分と根源宇宙を分離させて、上下の関係を作ってしまいます。自分と根源宇宙は分離してなくて、繋がっているから、本当は自己対話なんです。できてるって勘違いするのがここでも大事です。

根源宇宙に漂ってる状態（深い意識状態）で、知りたいことを具体的に宇宙（内なる大いなる自己）と心の中で対話するときもあります。

「オズさんとの本のテーマを一言で教えて」

「一人一人がアーティストとして生きる時代の幕開けを告げる本」

「この場合の、アーティストってどういう定義？」

「人生（神話）の創造者。地球ルールに縛られず、宇宙視点で、自分を探求し、遊び心で自分の物語を自由自在に創造していける人」

「なるほど。遊び心はどう深掘りしたらいい？」

「オズさんが、根が真面目だからこそ対極に遊び心を置くって言ってたよね。両極あっての遊び心であることがポイント」

「ほー。そういう意味では、俺も根が真面目だから共通してるかも」

（うちは父が警察官だったので何か問題起こしたら一家心中だって小さい頃から言われて育ったので、ガチガチに私の性格って、本来、真面目なんです。でも、だからこそ、それだと生きにくくて遊び心を大切にしてるんです）。

「そこは共通してるね。日本人は真面目な人が多い。それはとても素晴らしいことだけど、真面目すぎて息苦しくなってるのが、現在の日本人の集合無意識。

その集合無意識に、遊び心で風穴をあけるのがこの本の目的の1つ」
「なるほど〜。この本はそういうミッションがあるのか！」
みたいな感じで、根源宇宙に漂って、脳波が下がって安定してる状態で、自己対話を深めていくんです。自分の質問に、大いなる自分が答える、自問自答。最初は難しく感じるかもですが、やり続けるうちに、自分でもハッとすることに気づけたりして自分と対話するのが面白くなってきます。

すぐに回答が閃かない場合も、無理やり頭で答えを作らないようにして、閃くまで待つことが大事。ぐるぐる頭で考えだしちゃった場合は、思考を止めて、一旦、また上へ上へ意識を上げます。

それでも、答えがこないときは深追いせずに日常の中で、ヒントが来ることを信頼して一旦、瞑想をやめて地上に戻ってきます。

繰り返すことで、宇宙（大いなる自分）と繋がる感覚が深まっていきます。

（なれないうちは、ノートに聞きたいことを全部書いた後に「ロケット瞑想」をして脳波を整えてから、自分で答えをノートに書いていくという自問自答トレーニングもおすすめです）。


日常的に、地球を脱出し、脳波を下げ、根源宇宙に繋がるゆとりを持って宇宙と一緒に生きていく。するとあなたの中の宇宙が復活していきます。

いよいよ僕らは、地球意識を卒業し、宇宙意識で生きる時に来ているのです。

残念ながら国境があるところには戦争があるんです。

でも、宇宙から地球を見たら、国境なんかない。

地球人から宇宙人として、認識をアップグレードする、目覚めの時です。


そう、今日は地球人をやめる、最高の日です。

オズワルド

地球の遊び方⑦
小銭トリガーで、最高の状態を「感覚保存」する

何をするかはみんな頭を悩ませるけど、どんな状態でいたいかを気にかける人は少ない。どんな状態でいるか、俺はそこが大事だと思っているから、普段の生活の中で、安心感や居心地がいいって感覚をちゃんと育てるようにしている。心地いい状態が自分と繋がる入り口になるからです。

俺にとっては沖縄がどうしたって安心できる、魂のふるさと。大好きな家族や友達がいるし、沖縄の海や森などの大自然が親みたいな特別な存在。

実家が安心感ある人は実家でいいし、そういう場所がないなら、心地いい感覚を体に覚えさせる「感覚保存」をするといい。

たとえば、先に伝えた「宇宙瞑想」のイメージの中で一番心地いい状態のときに、トリガーを作るんです。ポケットに小銭を入れておいて、心地いい状態のときに、その小銭を握るとかして、それを繰り返すことで、体にその感覚を覚えさせていく。

自分なりの印を結ぶというイメージです。すると、今度は、ポケットの小銭を握ると、自然に、宇宙瞑想のいい状態になれるようになります。最高に気持ちいい瞬間、楽しい状況、その環境にいるときの自分の心の状態、感覚を体に染み込ませるように、小銭でトリガーを作り、それを普段から再現するようにするんです。トリガーは小銭じゃなくてもいいんですが。

沖縄から出てきて、都会で過ごすことが増えはじめた頃は、戦いだったし、しがらみもあった時期だから、沖縄にすぐに帰れないので、安心する場所が欲しかった。そんなときに、真っ白の部屋をイメージして、それを俺は「精神と時の部屋」と名付けて、その部屋で安心してる自分のイメージを作り、いつでも自分の空間に入れるようにしていた。

白い部屋で安心してる自分をただイメージし、その感覚を保存するように小銭を握りトリガーを作る。それで、実際に目を開けたら超最高なんですよ。感覚は保存できるとわかりました。

一時期、自分とクルーで「感謝トリガー」と名付けた遊びもやっていました。ポケットに小銭を入れといて、ポケットに手を入れる癖があったんで、ふとポケットに手を入れたときに小銭に触れて思い出すので、そのときに、感謝するものをまわりに見つけるという遊びです。

今日は一回、もう空気に感謝したから空気は無理みたいな。じゃあとりあえず店員さんにありがとうを伝えてみようかとか、チームでやっていたんです。いい状態を作るために、昔の真面目な俺はそういうのを地道にやっていましたね(笑)。

で、俺がなんでトリガーまで作って心穏やかに保とうと工夫してるかというと、実際の俺は心のアップダウンがすごいからなんです。

でもドラゴンライダーとして、それをも楽しもうと思っている。それがないとアーティストできないとも思っています。アップダウン、特にダウン、ボトムの部分にいるときの経験がアーティストとしてはめっちゃ大事になるからです。特にＨＩＰＨＯＰって、なまなましい感情を歌にするので。だから、ここでも、心の平安とアップダウン、両極、大事にしてるんです。

「明るい道、暗い道、はい、どっちを選びますか？」と言われたら、何も考えないで俺は「暗い道」を選びます。そこは、冒険心で。でもそれは、Exitを見つけたからできることでもあるんです。人生はゲームだって深いところでわかってる上なので。苦しむときには苦しむゲームだってわかってるからこそ、体当たりでいきたいんです。

あと、最近は、ネガティブな浮き沈みの最中は、仲間にシェアするようにしています。自分がリーダーだからネガティブはシェアしないって昔は思っていたんですが、いまはやめて、めっちゃシェアするようになっています。いい感情も、悪い感情もむき出しにしています。「めっちゃヘイト増えたよこいつ」って思われるかもしれませんけどね（笑）。逆から見れば、それだけいまは信頼して、内側を全部出せる仲間がいるってことです。

いい状態を作る工夫はする。その上で、いい状態でいれない自分も否定しない。そんな自分もゆるす。楽しむんです。

自分だけの真実を追え。

03

第3の視点「ピーターアイ」で次元を上げる

地球の遊び方⑧
第3の視点「ピーターアイ」

俺は3という数字を大事にしてます。

俯瞰して両極端を見た上で、統合させる、この視点が3。どっちかにかたよると、正義が生まれると同時に悪も生まれる。そして、正義と悪はエネルギーの方向が逆なので反発し合ってしまう。

「正義」と「悪」、一対一の視点ではなく、そこにトリニティ、3つ目の視点を加えて俯瞰して陰陽を統合する。すると次元が上がる。

だから、3は俺の目指す概念が詰まった崇高な数字なんです。

男と女という違う価値観が交わり、子ども（son）という新しいサンが生まれるように。

光と闇、科学とスピリチュアル、都会と自然、善と悪……。白と黒の二元性でジャッジするのではなく、どちらかにかたよるのではなく、俯瞰することでフラットに見て**3つ目の視点**を見出し、調和を図ることを俺は大事にしている。

この第3の視点を俺は**「ピーターアイ」**と呼んでいます（ピーターアイに関しては後半でも深めています）。

だから俺は、沖縄に身を置くことと都会に身を置くこと、ネイチャーとフューチャー、スピリチュアルとテクノロジー、

正義と悪を越えた第3の視点

光と闇、両方を取り入れることで見えてくる3つ目の視点を大事にしている。
両極を知り統合することで、初めて自分の座標軸が中庸に定まり位置につける。どちらかに偏ってるうちは、敵を作るし、世界を半分に縮めることになる。

「ジャスティスとか言ってるから悪役も産まれるこの世界は矛盾が矛盾を産んではどっかで誰か泣いている」

と俺は歌っているが、「敵」を作る限り「平和」は生まれない。二元の世界、どちらかに偏らずに、二元を包括できる第3の世界、サン（3）の国へ俺は行きたいと思っている。日いづる国と呼ばれるサン（太陽）の国に生まれた俺たちの役割でもあると思う。
サン（太陽）の産親は海（産《サン》み）。サン（san）は海（産み）から頭を出して生まれてくる赤子（son）。

地球の遊び方⑨

第3の目（ピーターアイ）で見ると
アイが見えてくる

これは、オランダの版画家、M・C・エッシャーの作品です。

悪魔に見えましたか？天使に見えましたか？

これはエッシャーの「天使と悪魔」という作品です。

黒を見ると悪魔が見えます。白を見ると天使が見えます。

そして、少し離れて、全体を遠くから見るときれいな模様に見えます。オズさんのいうピーターアイとは、こういうことじゃないかな。「正義」と「悪」の2極を俯瞰して見て、3つ目の視点を見出し陰陽を統合する。

この第3の目で見ると、この世界に隠れた愛（アイ）が見えてきます。


新潟の実家に泊まったときのことです。階下からの母の大きな声で目が覚めました。普段、穏やかな母が珍しく声を荒らげていた。私は飛び起きて1階の居間に飛び込むと、母は父とケンカしていたんです。原因は、私の妻が贈った、父への誕生日プレゼントでした。

父の誕生日に、私の妻が贈ったお菓子を父は食べずに、そのまま弟夫妻にあげてしまったというのです。弟たちもそのお菓子がうちの妻からだということは知りません。私の妻がせっかく父にと選んで贈ってくれたお菓子。「それを中を見ずに渡すなんて（私の妻の）愛を台無しにした！」と、母は涙目になり父に怒っていたのです。これほど怒る母は見たことがなかったのですが、父も昔の話まで持ち出してお互いに泥沼のケンカになっていた。

私はあわてて仲裁に入りました。

「父ちゃんは、それがいいものであるほど、自分じゃなくて子どもたちにあげたいんだよ。自分は何もいらないって思ってるんだ。だから、これは父ちゃんの愛のカタチなんだ。一方、母ちゃんも俺の妻を思いやってくれてのことだから、母ちゃんも愛。愛と愛のケンカはドロー。引き分けだよ！」

すると、かあちゃんの涙が止まってこう言ったんです。

「あんた！　この夫婦喧嘩のこと本に書いていいから、そんな素晴らしい考え方、早く読者さんに教えてあげなさい！」

さすが、うちの母ちゃん。どこまでも「ひすラー」、ひすいファンです！（笑）

父はそういう人だと改めて気づいたそうです。こうして母と父のケンカは私が仲裁に入り3秒で終了。

学校のテストというのは、答えを探す必要がありました。しかし大人になったら、もう人生の答えを探す必要はない。なぜなら、答えはいつも決まっているからです。

大人の答えは……「＝LOVE」
The answer is LOVE.

答えはいつも愛なんです。

また、「子どもの頃、お母さんに愛された記憶がない」という悩みを語られる保育士の方がいました。

「大好きだよ。愛してるよ」とお母さんから言われてみたかった。抱きしめてもらいたかった。でも、その願いは叶えられなかったと言うのです。しかし、彼女の話をよくよく聞いていると、いま、保育士として一番大事にしているのは、子どもたちに心から「大好きだよ」と伝えることだと言うのです。

私は彼女に言いました。

「子どもの頃、お母さんに『大好きだよ』って言ってほしかったけど、言ってもらえなかった。でも、だからこそ、その言葉のありがたみを、あなたは世界で一番わかった。あなたが子どもたちに伝える『大好きだよ』って言葉に言霊が宿ったのは、お母さんのおかげじゃない？　そういう意味では、お母さんは、あなたが天職を生きる上で、反面教師という愛の存在でしたよね？」

そう言うと、彼女の瞳からすーっと涙が流れました。

逆を言えば、彼女のお母さんに対する大きな葛藤は、お母さんが大好きだったゆえなんです。大きな愛ゆえに、大きな葛藤になっていたわけです。

人のほんとうの苦しみは愛されなかったことではないんです。大好きな人に愛を受け取ってもらえなかったという苦しみ。

でも、彼女は自分の母に対する大きな愛に気づいたときに、幸せを取り戻した。答えはいつも愛なんです。

だから、いつだってそれはどんな愛から来てるのか探せばいい。


うちの父の話もさせてください。

私は中学の頃から休日は1日8時間以上も勉強させられていました。そのせいで友達もできず、性格も暗くなってしまったと父を逆恨みしていた時期もあります。父は家庭では絶対の存在でした。しかも、どんなにがんばっても、父は私を褒めることはありませんでした。私は父から一度も褒められたことがないんです。そのことが心のどこかで棘《とげ》のようにひっかかっていました。なので、なぜ父は私を一度も褒めてくれないのだろうと聞いてみようと思いました。その瞬間、「聞くのが怖い！」って思いが出たんです。父に、本心を伝えようと思うと、怖くて聞けないんです。

でも、こんなにドキドキするってことは……。

父のことが大好きだったんだと気づいたんです。

そこに気づいた瞬間、涙が流れました……。

私は父を嫌っていた。そう思っていました。でも、本当は、大好きだった……。

確かに子どもの頃は大好きだったんです。だから父を喜ばせたくて、子どもの頃、あんなに勉強をがんばれたんだという自分の父に対する深い愛に、このとき、初めて気づいたんです。ふいに気づいた、自分の父への愛の大きさに涙が止まりませんでした。

それで「なんで、とおちゃんは俺を一度も褒めてくれなかったの?」って、初めて自分の本心を父に問うことができたんです。聞いてみたら、意外な真実がわかりました。

父は褒め方がよくわからなかったんだそう。なぜなら、父も親に一度も褒められたことがなかったから……。

私は父に伝えました。

「一度でいいから、俺は父ちゃんに褒められたかったんだよ」

すると、父はこう言ってくれました。

「お前は、我が家の誇りだ……」

僕はとおちゃんに返しました。

「とおちゃん、俺はとおちゃんの最高傑作だよ」


そして奇跡は起きます。

そのときは、新潟の実家に泊まっていたわけですが、翌朝、私の皮靴がきれいになっていることに気づいたんです。母に聞いてみると、なんと父は、私が新潟に帰省してきたときは毎朝、私の靴を磨いてくれていたのだそうです。父はいつも私より朝早く起きるので、父が私の靴を磨いてくれていたことに20年も気づきませんでした（気づかなすぎ！）。

なんで靴を磨いてくれてたのか父に聞いてみました。

「俺にできることはこれくらいだから」

私が父への愛に気づいたとき、同時に父の私への愛も私に見える形で出現したんです。

内に見えたものが外に現れる。これが地球ゲームの創造原理。

私にとってのピーターアイ（第3の視点）とは、自分の中のアイ（愛）に気づき、相手の愛のカタチを理解し、その上で、どうしたいのか、第3の道を見出すことです。

ピーターアイとは、愛を選ぶ生き方ってことです。

まず、自分の愛と、相手の愛に気づくこと。その上で、相手に応じて、状況に応じて、必要な愛の表現ができるようになるのが「大人の愛」です。

いま、愛が第3の愛に進化するときなのです。

ちなみに映画『マトリックス』で、ヒロインであるトリニティは自分が愛した人が救世主になると預言を受けていました。そのトリニティが愛したのがネオ。一方、ネオは預言者から「あなたは救世主じゃない」と告げられてしまうのです。

しかし、ネオはトリニティを救いに行くという愛の選択をしたことで、ネオ（NEO）がONE（＝救世主。THE ONEとは英語で救世主イエス・キリストを指す）になるという物語なんです。NEOを並び替えるとONE（大いなる自分）で、「トリニティ」は三位一体という意味です。

『マトリックス』の物語は、ネオが101号室に住んでいるシーンが冒頭で描かれてるようにNEO（ネオ）がTHE ONEになる物語が象徴されてるわけですが、101は『マトリックス』の結末をも予言しています。救世主ネオ（1）は、自分と悪役のエージェント・スミス（1）は表裏一体の存在であることを悟り、愛を持って受け入れることで両者が消えてゼロ（0）になるというエンディング考察もできるわけで、つまり101＝3。『マトリックス』は、正義と悪、二元の世界を超えて、愛を選択しサンの国へ行く話とも取れるわけです。

ちなみに冒頭、トリニティがいる部屋は303です。

さらに映画の冒頭でHEART（心）という名前のホテルの看板がHからTまで順にアルファベットが1文字ずつ象徴的に映されていくシーンがあります。でも、Eの明かりが消えてるんです。つまり、冒頭ではハートは欠けている。で、その欠けたハートはネオとトリニティが互いにアイを選択することで最後にARTになるという考察もできます。

『マトリックスREVOLUTIONS』のエンディングは仮想空間に美しい太陽（サン）の光が差し込むところで終わります。

内なる愛の選択が、ラストシーンで外側にARTを生み出したわけです。

それが人類の目覚めのREVOLUTION
REVOLUTIONにはLOVEが隠れてるんです。
あなたのHEART（心）は創造主（HE）のARTなんです。

地球の遊び方⑩
自分を知ることはシンプルに楽しい

付き合っていた彼女が、近いところで浮気みたいになったことがあるんです。

怒りだったり、悲しみだったり、やきもちだったりが当然出てきました。それで、お得意の俯瞰で感情を見るってやつをして自己対話をしたんです。

なんでこんなに嫉妬するんだってところから始まって、それは彼女は俺のものだって思ってるからだなと。「俺のものにしたいと思ってるから、誰かのものになるのが嫌なんだ。じゃあ彼女って本当に俺のものなのか」みたいに掘り下げていくんです。

どう考えていくかはケースバイケースなんですが、両極をまず考えて、この2つをこねながら見つけていくときもあるし、最初から答えがピンとくるときもある。「実際に起きたこと（事実）」と「自分が感じたこと（感想）」を分けて整理するときもあります。この場合の事実を抜き出すならば、浮気相手の男性は、自分の好きな彼女を同じく好きになったというのが事実です。同じ人を好きになったってことは逃れようのない事実なわけで、ってことは……。

俺と浮気相手は、同じ感性がある？

そう思えてきて、だったら「まあ……しゃあないよな」みたいな……。「同じ人を好きになるって、もしかしたらこいつって一番友達になれる系なんじゃないか」みたいに思えてきて。そうしたら、ゆるそうって、超ドMな気分になったんです。みんなは無理にそう思わなくてもいいですよ（笑）。俺の場合、深掘りしていったら、そう感じて、それが気持ちよかったんですよ。崇高な気持ちになったとかそんなことじゃなくて、めっちゃドMみたいな気持ちになって。

そのとき、友人に沖縄北部にドライブに連れて行ってもらっていたので、車の窓を全開にして、Rickie-Gの「Life is wonderful」って曲を泣きながら爆歌いしたんです。まあ、ドラマの主人公気分で（笑）。

そのとき、ゆるすことで自分がめっちゃ救われた気がしたんです。というのは、自分が全部ゆるされて、ここまで生きてこれたことにも気づいたからです。そもそも自分のやってきたこととか考えたら、全然、俺もクソみたいなことい っぱいやってきている。それなのに、そんな俺をゆるしてくれる友達が俺の周りにいる。俺が生まれたときまで遡れば、人間、ゆるされてしか生きてないってことにも気づけたんです。

このとき、ドライブしていた沖縄の北部の大自然だってそう。俺たち人類は、自然環境を破壊してるのに、自然は俺たちを優しく癒やしてくれている。この自然にもゆるされてるし、地球にもゆるされて、俺たちは生かしてもらっている。俯瞰して見ることで、そもそもゆるされて生きてきたことが見えてきたんです。

相手をゆるす、ゆるさないの2極からジャンプして、「自分はゆるされて生きている」ってことに気づけたんです。これが第3の視点、ピーターアイ。

極端な例になっちゃったけど、たとえば、人の悩みを聞いてるときも第3の視点を探しに行きます。

人の悩みを自分に当てはめて、自分の出す答えだったらこうだけど、相手に置き換えたら、違う角度もあるよなって、自分の考えの向こう側も探しに行く。「?をつけるセンス」というか。自分の正解を一旦、「?」と疑うことで、もう1つ違う視点を見つけます。その上で、第3の視点を探す。

第3の視点は、俺の場合、自分にも相手にも優しくなれる

答えを探す。最も自分だって自分で思える、一番ピュアな自分の道と言ってもいい。それが自分の心がけ。神様は愛であってほしいっていう信仰にも近い気持ちから答えを探す。

この3つ目の視点は、人によって違っていいと思っている。だから、これが万人にとって正解というわけではなく、自分にとっての真理であり本質、自分にとって心地いい道でいい。しかも第3の視点を見つけたとしても、違うと思ったら変えたらいい。大事なのは、自己探究を続ける中で、遊び心を持って自分をアップグレードさせ続けること。俺にとっては成長を止めることが一番問題。

あと、優しくなれる答えを出したいからといって全てにイエスというわけではない。まず、超自分の意見を出す。時にはそれがヘイトという形をとることもある。ただ、それだけで終わらせず、相手のこともちゃんと考える。その上で、第3の視点、ピーターアイを探す。そのとき、できるだけ、ラブ&ピースな答えを見つけたいんです。俺なりのかっこいいって道を見出したいんです。

そうやって考えた末に、相手に言いにくいことをズバッと言う必要があると思えば、それはちゃんと伝える。言いにくいことを言わない背景を俯瞰すると、ただ自分がかわいいだけだなって気づくときもある。であれば、はっきり伝えることが相手をリスペクトすることであり、相手をこれ以上、モンスターにさせないという愛だなと判断したときは、ズバッと「やってること、マジでキモいよ」って愛を持って言うこともある（笑）。でもそれによって相手も深く気づき、それ以上、モンスターにならないで済む。


第3の視点が見つからないときはめっちゃ考えるし、その内容の素材を集めたり、まず、輪郭をちゃんと知る。

主観と客観でXYZ軸、全部の角度からちゃんと物事を見ようとしてるところがある。いつも複雑なところにポイントを打って考えるけど、とはいえ、結局答えは超シンプルなところに行くことが多い。そこにたどり着いて「やっぱそうだよね」となるその道筋を考えるのが楽しいんです。殻をむいてむいて残るものってシンプルだし、結局、起きた出来事自体が汚れてるわけでなく「汚れているの、俺の見方だけやん」みたいに落ち着くことが多いです。

俺は昔からよく友達に相談されることが多くて、学生の頃から「奥間相談室」って自称していた。奥間っていうのは俺の苗字。なんで人の相談に乗るのが得意かというと、まず起こること全てを1回、自分ごととして捉えてみる思考癖があったんです。別に、そうやって苦しもうとしてるわけではなくて、友達の悩みも「自分ならどうするか?」って自分ごとで考えられたら、何人分もの人生を生きられるわけだし、誰かのためにヒントを伝えることができる人になれる。何より世界観が広がり、友達の悩みで自分も一緒に成長できる。

それはもう映画見てようが、漫画見てようが、人と喋ってようが、人が悩んでる話を聞こうが、テレビのニュースだろうが、自分をめっちゃ当事者にして考えてみたときの解決を勝手に考えようとしてしまう自分がいるんです。そうするのが、趣味というか、自分を知ることはシンプルに楽しいんですよ。

なんで自分ごととして捉えることができるようになったのか、そのきっかけは、「外側に期待してんのは全て自分でした」ってオチを理解したのがでかい。

やっぱ全てにおいて起きてることは自分が引き寄せている。いいことも悪いことも自分で引き寄せてる。うまくいってない現状を引き寄せてるなら、うまくいってない現状を引き寄せる自分がいるだけ。要は引き寄せたくないことを引き寄せるものが自分の中にあることに気付けたときに、本質的に人のせいにできること、物事がないってことに気づいてしまった。

でも、そうなると次は自責の念が出てくる。それで、全てにおいて自分の責任を感じるようになって生きるのが苦しくなったことも正直ある。でも、逆にそれが生きる理由になったんです。責任が重いっていうよりも、その重力がむしろ自分がここにいるためのアンカーになった。自分の責任だと思うことを楽しめるようになった。そしたらもう誰に責任転嫁する必要もないし、その潔さを持ったら自分の世界を自分で自在に作れるようになったのは俺にとってめっちゃでかい。責任全部自分で背負えたら、自分が人生の社長じゃないですか。自分の人生のコントローラーを手にした気分になれたんです。

昔は責任って言葉が嫌だった。「自由にさせてくれ、自由がモットーなんだから」と思っていたけど、いまは責任の見方が変わり、「最高の仕事もらえた。これで、自分次第でヒーローになれる」と思えるようになった。ルフィだって責任を楽しめてるしね。

そして、自分ごとにできるってことこそ、この本で最初から言ってる、自分をプレーヤーとしてゲームをするってことなんですよ。

自分ごとにせずに、コントローラーを誰かに預けてるのはプレイヤー（遊ぶ人）じゃなくて傍観者です。俺はプレイヤーでいたい。だってゲーム好きだから。

いま自分が何者として、その座標にいるのか、時の流れでも、その位置する場所でも、自分の存在の意味合いは変わってくる。だから自己対話して自分を見つけに行く。自分を知り、自分の好きを深掘りするなかで、自分の武器も見えてくる。そして横にずれたり、次元を上げたり、微調整しながら自分のしかるべき位置を探していく。

己の場所、自分のしかるべき場所に位置したとき、そこが一番自分の居心地いい自分に重なっている。すると、エネルギーの循環が起きてくる。自分が生きる場所にいたらやっぱ楽しいと思うし、自分が必要とされてる感覚も満たせる。私がここにいるから、あなたがそこにいて、だから我々はこうあるっていう完全体となる感じ。そんな人が一人でも増えたら、座標全体を変えるぐらいのパワーを持てると思う。

Play with love.

04

「アート思考」で人生のアーティストになる

地球の遊び方⑰
アーティストとして生きるとは？

これまで見てきたオズさんの自己探究の思考プロセスこそ、実は、アートの本命と言っていい「アート思考」だと感じています。一人一人がアーティストとして生きるためのヒントがちりばめられていたんです。

ここではベストセラー『13歳からのアート思考』という本から、「アート思考」とは何かに迫りたいと思っています（この本、読んだほうがいいよ）。

この本の作者であり美術教師の末永幸歩さんは、あまりに多くの人が「アート＝アート作品」だと勘違いしていると言います。末永さんは、アート思考とは**「自分の内側にある興味をもとに、自分のものの見方で世**

界をとらえ、自分なりの探究をし続けること」だと定義しています。

そうです。気づきました？

アート思考ってオズさんの生きる姿勢そのものなんです。オズさんはラップするからアーティストじゃないんです。もう、日常生活の思考プロセス自体がアートなんです。自分の内側にある興味をもとに、自分のものの見方で世界をとらえ、自分なりの探究をし続けて生きてるからです。オズさんはアートを生きてるんです。そして、まさに、それが、この本のテーマ、遊び心を持って自分の人生を物語として生きるということでもあるんです。

歌わなくても、絵を描かなくてもアーティストとして生きられるんです。

その証拠をお見せしましょう。

「アートに最も影響を与えた20世紀の作品」として第1位に選ばれたザ・アートがこちらです。

2004年にイギリスで行われた専門家500人による投票では「(アート界に)最も影響を与えた20世紀のアート作品」の第1位に選ばれた作品です。ちなみに第2位はピカソの「アビニヨンの娘たち」でしたから、あのピカソを超えたアートなんです。

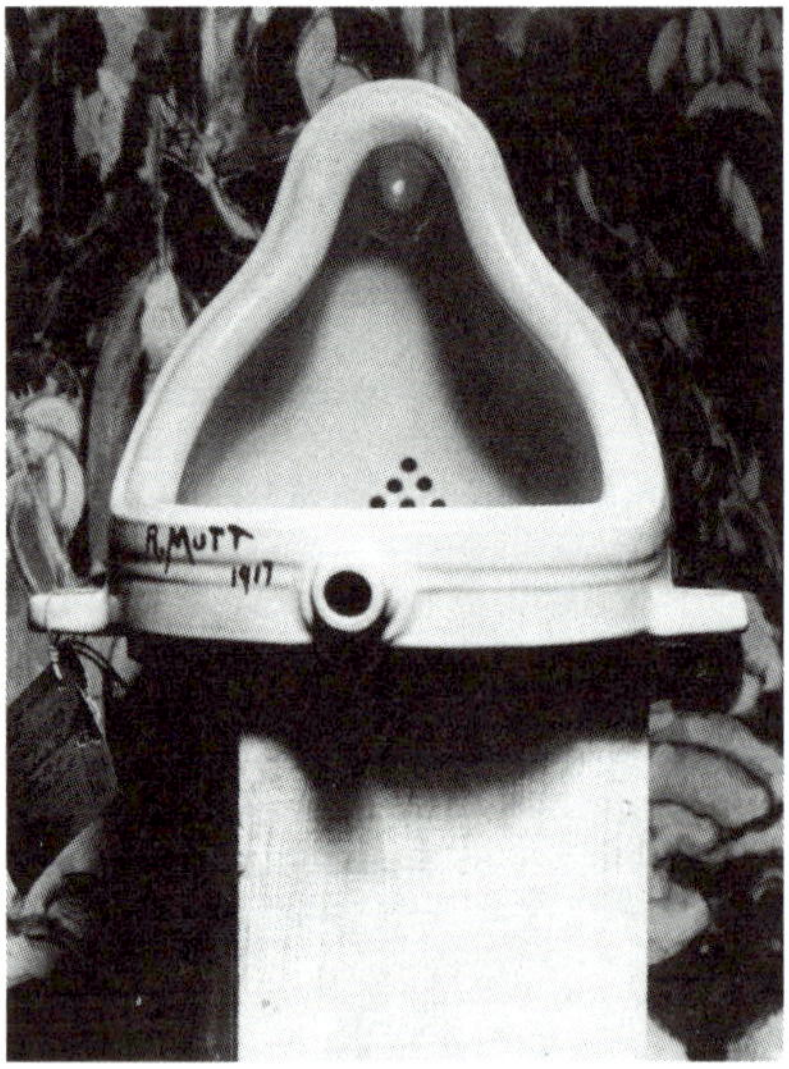

提供：Alamy／アフロ

フランス生まれの美術家マルセル・デュシャンの1917年の作品「泉」。20世紀美術に決定的な影響を残したと言われる伝説の作品です。

そう。見たまんま、男性用の小便器にただサインをし(しかも偽名のサイン)、作品タイトルを「泉」と名づけただけ。便器もデュシャンが作ったものではなく市販の便器です。これが20世紀最大のアート1位なんです。なんで?

著者の末永幸歩さんはこう解説しています。

これまでのアートは「視覚」のものでした。作品の美しさや精度などの出来栄えが決め手とされていた。アートとは、「視覚で愛でることができる表現」に落とし込まれるべきだという前提がそこにはあったのです。デュシャンが目をつけたのは、まさにそこ。だから、視覚的に美しいとは真逆の便器を作品にしたんです。デュシャンはこの作品によって、アートを「視覚」の領域から「思考」の領域へと、移行させた功績でアート作品1位に選ばれているんです。

この作品によって、アートは視覚で味わうべきものという常識を打ち破っています（だってトイレだもん！）。

作品は作者自身の手で作られるべきという常識も打ち破っています（だって市販の便器だもん！）。

すぐれた作品には、すぐれた技術が必要だという常識も打ち破っています（だって普通の便器だもん！）。

デュシャンは「彼なりのものの見方」を通して、アートのあらゆる常識を疑ってかかり、アートをもっと自由な存在にしたんです。

ここで、この本の作者の末永さんの言葉をもう一度、味わってください。

「アート＝アート作品」ではない。アート思考とは「自分の内側にある興味をもとに、自分のものの見方で世界をとらえ、自分なりの探究をし続けること」

まさにこのことがデュシャンの作品を通して理解できます。

末永さんはアートを植物に例えています。アート作品を地表部分の花「表現の花」だとするなら、地中には興味・好奇心・疑問という「興味のタネ」があり、そのタネからは「探究の根」が四方八方に伸びていると言っています。そうなんです。アートという植物は「表現の花」「興味のタネ」「探究の根」の3つからなっているわけですが、この植物の大部分を占めるのが地中の「興味のタネ」であり、そこから伸びる「探究の根」なんです。

この、自分の地下世界を探究する冒険者こそ、アーティストなわけです。

自分の深層意識（地下世界）には目を背けたいことだってあると思います。

でも、己を信じるからこそ、見たくないものにも目を向けて己を疑うことができるんです。

そして、あらゆる出来事を通して、自分を探究し、自分の「ものの見方」を見出す。そして自分を知り、自分の武器を見つけ、自分を活かす座標を知ることで、より、自分の物語の可能性を拓いていくことができるんです。それこそ究極のアートであり、究極のゲーム。

映画『マトリックス』の中で、ネオが白ウサギを追いかけたように自分の内側にある興味を追いかけてください。

好奇心こそ好奇神《シン》です。

オズさんは、自分の心の動きを一つ一つとても丁寧に観察してるんです。モヤモヤしたり、気になること、喜怒哀楽、その一つ一つを深掘りして、自

分を知るきっかけに変えて、自分の「ものの見方」、認識を常にアップデートしている。すると、より深く自分と繋がることができます。

だから、より世界と深く繋がり、宇宙と繋がれるようになるんです。

地球ルールという自分の思い込みで自分の可能性を狭め、地上2階に自分をとどめているなら、何時間、瞑想しても地上2階の宇宙にしか繋がれないんです。鎖を解き、地上100階に行って初めて100階の宇宙に繋がれます。

鎖を解くには、自分はどんな鎖に縛られてるのか、自分を知る以外にないんです。自己探究せずに瞑想だけしていたのでは限界があるんです。

「ねばならない」「すべき」などのさまざまな思い込みという地球ルールの重力から1つ1つ抜け出すことで、自分の無限の可能性の扉が一つ一つ開き、宇宙の根源（オズさんはそれを「ビッグソース」と呼んでいる）に繋がれるようになっていきます。

僕らは無限に進化できる、宇宙最強のスーパーマシンだって思い出す必要がある。

地球人の皆さん、こんなところで立ち止まってる場合じゃないんです。

一人一人がアーティストとして、宇宙人として、もっとクリエイティブに自分の人生を創造していく宇宙文明の幕をあけよう。

そのために生まれてきたよね？

地球の遊び方⑫
仙人が教えてくれた「置き換え」のワザで人生変わった

沖縄の北部の森の中の、奥という場所は、最後でも触れますが、俺にとって特別な場所。あるとき、その奥で、３階建ての木造の家を自分たちで作り、暮らしてる70代のご夫婦と出会いました。もうそれが仙人のような人で、本棚には、数学の本や神様の本がズラーッと並べてあって、いろんなことを教えてくれたんですが、１個しか覚えてなくて（笑）。でも、その１個がいまもめちゃめちゃ役立っているんです。

その仙人が俺にこう言ったんです。

「君、音楽やってるんだよね？こうやって五線譜をどこでもいいから置いて自分で自分の気になるポイントを打つと、そこに見えない音階が出来上がるんだよ。これが『置き換え』ってワザ」

正直、意味がわからず、その日は「置き換え」って数式だけもらって理解しないで帰ったんですよ。でも、それから数カ月間、「置き換え」って言葉がめっちゃ気になっていたんです。で、あるとき、わかったんです。それまでなんでわからなかったかというと、俺、音楽やってるのに、「五線譜」って言葉の意味がわからなかったんです（笑）。五線譜って意味を知ったときに点と点が結ばれていくかのように俺の中で繋がって、「うわーそういうことだったんだ！」と。

たとえば、手を前に出して横にして、指と指の隙間を開けると五線譜になります。

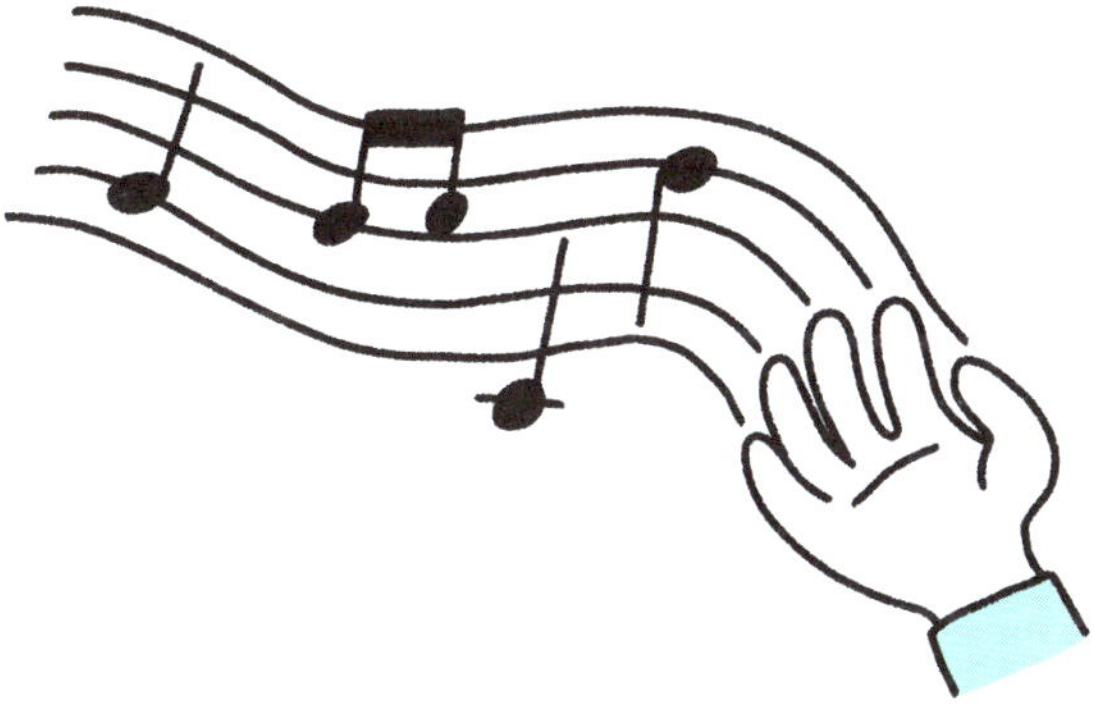

いま、この本を作る取材で、渋谷の地下の会議室にいるんですが、俺の手を前に出して、横にして指を広げると5本の指が五線譜になって、その指の五線譜からはひすいさんの眼鏡が見えて、その隣に編集の佐藤さんが飲んでる飲み物のストローの先っちょがあって、コップ、ホワイトボードといった感じで目印をつけて、ラ、ド、ミとか、音階つけたら、自然とこの場で、もう音楽が生まれるんです。

そんなふうにして音楽を作ってるわけじゃないんですが、「置き換え」の発想は自分の人生にめちゃめちゃ役立っているんです。

クリエイティブって常に置き換えの世界。

蜂の巣を見てアパートの構想を思いついた人もいるかもしれないし、俺はその頃、自然から置き換えて遊ぶことだったりとか、インプットがとにかくいろいろあったんです。

そもそも「たとえば……」と言えば、それはすぐ言葉の置き換えになる。たとえば、俺はライブで最後の歌を歌う前に、携帯を取り出してもらい、みんなにライトをつけてもらう。ライブ会場が光に包まれる演出になるわけだけど、そのときに俺は、iPhoneと人生を置き換えて話す。

「自分にもライトの機能がついてるのに知らない人がいるから、隣の人のライトのスイッチを探してあげて（笑）。脇の下にスイッチがあるかもしれないし、肘の裏にスイッチがあるかもしれないし、探してあげて。絶対あるから」と。

また、言葉を発しなくてもわかり合える関係を「マインド・ブルートゥース」と携帯に置き換えて表現したら詩のようになる。

神社の「禊《みそ》ぎ」って言葉は難しくても、「携帯で、使ってないアプリを削除すると、容量軽くなってサクサク動くでしょ？　それが『禊ぎ』」って、禊ぎを携帯に置き換えて説明するとわかりやすくなる。

「俺はデバイス自体のギガバイトは5ギガしかないんだけど、めちゃくちゃクラウドと繋がってるから、好きなときに必要なことを思い出せるし、情報を引き出すことができるんすよねー。課金してるから（笑）」と自分と大いなる自分（ハイヤーセルフ。高次元の自己）との関係を携帯に置き換えて説明してもわかりやすい。携帯に置き換えるってだけでも、こんなふうにいろんなことが説明できるようになる。

音楽を作るときに、料理に置き換えることもある。とりあえず今回の曲は大雑把に肉系？　魚系？　野菜メイン？　どれで行く？　みたいな。野菜系かなって決めたら、いきなりドーンみたいな音ではなくて、野菜系の音、ピアノから行こうかみたいにその場のみんなでイメージが共有できて話が通る。

全て置き換えられる世界なんです。


俺のやりたいことを、漫画の『ＯＮＥ ＰＩＥＣＥ』を題材に説明するのも、自分とルフィの「置き換え」なんです。武道館ワンマンライブに挑戦する時も、「新しい島が見えてきた」って表現したんですが、『ＯＮＥ ＰＩＥＣＥ』を知ってる人だったら、自分が何をやりたいのかっていうのがすぐに伝わる。実際に自分も『ＯＮＥ ＰＩＥＣＥ』に置き換えて生きてみると、めちゃくちゃ学べることというか、まんまやんけって思うことがたくさんある。

漫画や映画を通して見る世界は、自らの体で体験できないことだらけ。でも、全部、その体験を自分の人生に置き換えることで気づけることがある。

そもそもこの世界自体が置き換えられて作られてる。だって、全ての発祥はどこかの何かしらのサンプリングだから。この世界は、全てサンプリングされてできてるわけだから、置き換えてないものがないんです。

本質を抜く、本質を抽出する。その本質が見えたら、なんにでも置き換えることができるんです。

そもそもラップだって置き換えだ。母音（あいうえお）という本質を残して、柄である子音を置き換えていくのがラップ。

置き換えることで、噛み合ってない相手ともチューニングを合わせられて、もっと仲良くなれるし、もっと自分の可能性を広げられるし、もっと自由に人生を遊べるようになるんです。

by OZworld

地球の遊び方⑬
「とは？」と因数分解すると自分の才能が5分でわかる

物事を抽象化して本質（特性）を見れるようになると「置き換え」というワザが使いこなせるようになります。

まずは自分という素材の本質を見れるようになるワークをやってみましょう。素材の特性を知れば知るほど、いろんな美味しい料理が作れるようになるように、自分という素材を知れば知るほど面白い物語を描けるようになります。

今回は、あなたの素材としての才能、特性を知るために2つのワークをお伝えします。

WORK①「自分の才能を5分で知る」

あなたが憧れてる人、尊敬する人を3人書き出して、それぞれ、どこがかっこいいと思えるのか、どこにときめくのかここに書き出してみてください。会社の先輩でも、両親でも、映画やアニメのキャラクターでも有名人でもOK。

記入欄

書いた？　必ず書いてからこの先を読んでくださいね。約束ですよ。

では種あかしいきます。いま書いたのが、あなたの才能であり特性です。
そこにあなたの情熱の源泉があります。

才能とは、情熱だからです。

私が子どもの頃から大好きなキャラクターは、ドラえもんでした。どこにときめくのかというと、四次元ポケットを持っていて「未来の道具」を取り出し、新しい世界を見せてくれるところ。そこに惹かれるってことは私もそこに才能があるとわかるんです。つまり、四次元ポケットならぬ五次元ポケット（ドラえもんを超えたいので）から「未来の考え方」を取り出して、みんなをワクワクさせる。ドラえもんが好きな理由の本質を考えると、まさに私がやりたいことそのままなんです。

好きなものを深掘りする癖をつけると、自分というキャラクターの活かし方が見えてきます。サッカーが好きなら、自分はサッカーのどこが好きなのか因数分解する癖をつけるんです。

競技としてサッカーをするのが好きなのか
チームで何かするのが好きなのか
みんなで盛り上がって応援するのが好きなのか
作戦を考えるのが好きなのか
サッカー場の空気感が好きなのか

サッカーが好きを因数分解するだけでも自分が何が好きかが見えてきます。

好きの本質を炙り出す方法もカンタンで、「とは？」をつけて好きを因数分解してみればいいんです。

憧れている人、尊敬する人を「とは？」と因数分解すると、その人の特性が炙り出されてくるわけですが、たとえば好きな人だけではなく、好きな漫画、好きな場所、好きなことでやってもあなたの特性が出てきます。

以前やったワークショップで「何をしたいのかわからない」と言っていたある女性は「デニムが好き」と言っていました。「デニムのどういうところが好き?」と好きな理由を聞くと「気楽にリラックスできるところ」と。

あとは、「とは?」と掘り下げて聴いていけばいいんです。

「気楽にリラックスできる」とは?

←

「安心して話ができる場所」とは?

←

「いっぱい愛を与えるところ。自分の好きなものを提供するところ」とは?

←

「花、食、自然に関わるものを提供すること」

「デニムが好き」からわかる、彼女の「好きのカタチ」は、お花があり自然を感じられる、安心して話ができてリラックスできる場の提供。そこでごはんを提供するなどして愛を発揮すること。そんな「好きのカタチ」が見えたら、それをすぐにできる場で「雛形」を作れば夢は叶います。自分の部屋、もしくは彼氏の部屋に、お花を置いたり自然を感じられる空間にして、彼氏の話をゆっくり聞いてあげて、ごはんを作ってあげる。もう、そこに自分の好きなことの本質が詰まった「好きのカタチ」を実現できるのです。

「何をしたいのかわからない」と言っていた彼女が、デニムが好きという手がかり1つで5分で、ここまで「好きのカタチ」が具体的に見えてくるんです。

「とは?」と深めるこの手法は、最初は少し難しいかもしれませんが、練習して慣れてくると、自分を深く知れるので、自分という素材をいかようにも美味しく料理(表現)できるようになります。

たとえばレコード針で圧倒的なシェアを誇った株式会社ナガオカは、レコードの衰退と共に１９８０年代は絶滅の危機に瀕していました。

レコード針を作る技術とは？……硬くて小さいものを加工すること。

つまり株式会社ナガオカの強みは、精密部品の加工なわけです。それで実際に、精密測定機器用の触針をつくったり小型マグネットを作ったりと製品を多角化して見事に大復活を遂げるんです。

抽象化し本質を炙り出すことで、置き換えできるようになるんです。

抽象化とは、要は、枝葉を切り捨てて幹を見ることです。

WORK②「自分のミッション（物語のテーマ）を言語化する」

「志」の動詞表

「勇」	「親」	「愛」	「智」
1. 挑戦する	1. 役に立つ	1. サポートする	1. 探求する
2. 前進する	2. 調和する	2. 助ける	2. つくる
3. 変革する	3. 応援する	3. 癒やす	3. 解決する
4. 達成する	4. 和をつくる	4. 導く	4. きわめる
5. 新しくする	5. 場をつくる	5. 元気づける	5. 工夫する
6. 開拓する	6. 守る	6. 育てる	6. 分析する
7. 巻き込む	7. 伝える	7. 救う	7. 企画する
8. 鍛える	8. つなぐ	8. 教える	8. 教える
9. 手本を示す	9. 仲良くする	9. 支える	9. 楽しませる

出典「夢を叶える方法　志の法則」（教育再生実行連絡協議会）

ではもう1つ、別の角度から、自分を知るワークをご紹介しましょう。上の「志」の動詞表から自分がときめく動詞を探し、マルをつけてください。4つの項目のどこが多いのかで自分は何をしたいのかが見えてきます。

「勇」が多い人は、経営者、リーダー向き
「親」が多い人はコミュニケーター向き
「愛」が多い人は何かを教える先生向き
「智」が多い人はプランナー、研究者、クリエイター向き

という傾向があると考えていいと思いま

す。この中から、特に僕が響くのは
「智」……「探究する」「つくる」「楽しませる」
「勇」……「変革する」「新しくする」「巻き込む」
これらが僕がやりたい動詞だとわかるので、自分はどんな物語を描けばいいのかヒントが見えてきます。

自分の人生を面白い漫画（物語）の主人公にするために、まずは動詞が決まったので、あとはこの3つを深掘りして自分のミッションを一文に言語化すればいいんです。

①なんのために
②どんな手段で
③誰を笑顔にするために
④何をするか（「動詞」は先ほど決まりました）

志の方程式

「動詞を軸に志が見えてくる」

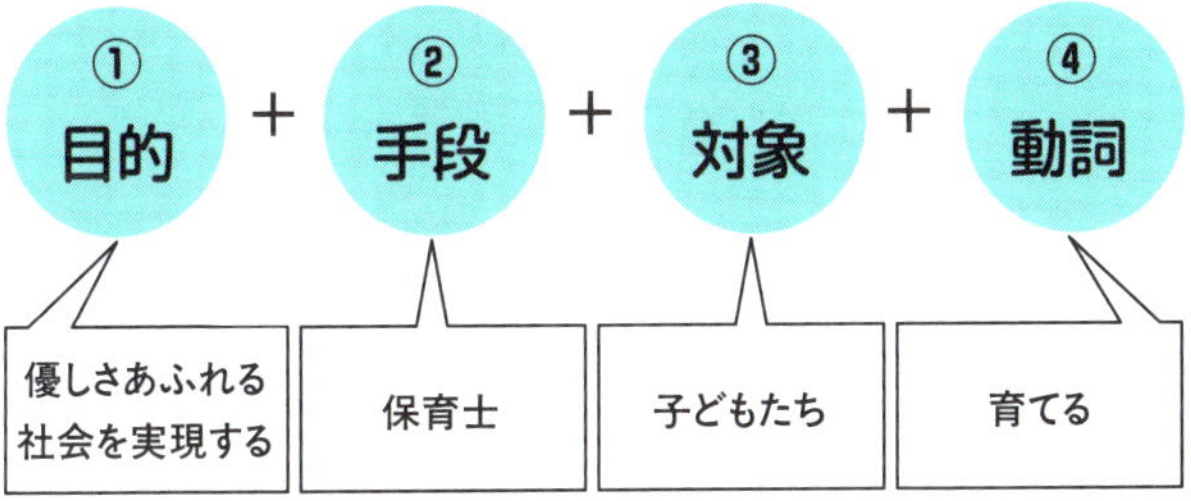

例：優しさあふれる社会を実現するために保育士になって子どもたちを育てる

出典「夢を叶える方法　志の法則」（教育再生実行連絡協議会）

僕はこの中では、「探究する」「つくる」「楽しませる」「変革する」「新しくする」が響く動詞なので、それを踏まえて、自分がしっくりくる言葉にアレンジすると、こうなります。

①この星の意識進化のために（目的）
②五次元ポケットから１００年後の考え方を取り出し作品にし（手段）
③この世界を良くしていく人たちに（対象）
④意識革命を起こし、宇宙文明を創る（動詞）

これが僕が生きる理由です。僕は、この物語のために、朝、起きるんです。

ワーク①、ワーク②をやった上で、あなたが生きる理由、あなたの人生のテーマを、あなたがしっくりくる一文にしてください。そして、あなたの物語のタイトルをつけてください。ワクワクするタイトルにしてくださいね。すると、面白いくらいシンクロが起きはじめ、引き寄せも発動して、人生が動き出しますよ。

僕の場合は、それが「銀河の祭り」です。

芸術とは己を生きること。

05

「俺たちはロンリー
じゃなくてロンリーズ」
100%の己になる覚醒！

地球の遊び方⑭ コンプレックスをフレックス（折り合う）する

俺を昔から、無敵な宇宙人だったみたいに誤解する人もいるかもしれないので（そんなことないか?）、俺のコンプレックスの話もしておきたいと思う。

俺は鼻ピアスに、個性的な髪形、首に龍のタトゥーを入れている（龍は俺のパートナー）。そして変わった服装。昔からファッションが好きだったってこともあるけど、ファッションには俺にとって別の意味もあったんです。

俺の脚を誰にも見てほしくなかった……。

俺が脚を引きずって歩く姿を、人に見てほしくなかった……。

全て、自分の上半身に人の視線を集めるためのものでもあったんです。

俺は神経障害で、生まれつき脚の感覚がうすくて、いま、LIVEで飛び跳ねてるのがナゾらしい。人と違って極端に細い両脚と、脚を引きずって歩く自分の姿を人に見られるのが心底嫌で、人の前で歩くっていうみんなにとって当たり前のことは、俺にとって苦痛以外のなにものでもなかった。

長ズボンでいられればまだ少し気持ちは楽だけど、体育とか水泳とか、脚をあらわにしなければいけないタイミングは本当にしんどかった……。「体育のときも長ズボンでいいよ」と先生が言ってくれたけど、俺は理由をつけて保健室へ行き、体育の授業にはほとんど参加しなかった。

青春時代の思い出になるはずの体育祭も、文化祭も修学旅行にも、1回も参加したことがない。人に自分の体を見られるのが心底嫌だった。

派手な格好、変わった格好は、俺の鎧だった……。

この脚だから、社会的には戦力にならないことも多かった。コンビニでバイトをしていたときには、立ったりしゃがんだりの動作すらしんどくて、商品補充をするのもままならない。コンビニも無理、長時間の座り仕事も無理、この頃の俺は、脚のこともあったとはいえ、あきらめ体質だった。

「俺、社会でやっていくのけっこう厳しい？」

人生において一つ一つの「点」としての出来事は、後から繋がって線になることは知っている。だったら、希望を持つしかない。いつも俺は、この脚のこと、「後から意味がわかる、後から意味がわかる」と言い聞かせてきた。

そんなある日、俺にこう言ってくれる人が現れた。

「おまえの可能性はとてつもない。おまえにとってのコンプレックスは、俺からしてみれば希望でしかない。『トランスヒューマニズム』（科学技術で人間の身体能力とか認知能力を変革させること）って、わかるか？　ここからの未来はおまえにとって確実に都合のいい世界になっていくよ」
そんなふうに自分の体のことを考えたことはなかった。
とはいえ、それでも、自分の根本を見せたら弱みになると思ってしまう自分もいた。ＨＩＰＨＯＰって業界も業界だし。歌は聞いてほしいけど、俺のことは見ないでほしいって気持ちもあった。そんな俺のありのままを受け入れられるようになったのは、昔の彼女の、この言葉なんです。

「本気で大事に思ってくれてる人が一人いるんだから、他の誰かにどう思われてるかなんて、どうでもよくない？」

本当にそうだなってハッとさせられた。この言葉を聞いて、「なんで俺を友達と思ってくれてるやつらまで信用しないで、何、友達してんだ俺は」ってことにも気づかされた。

そんなふうに思えるようになったら、運命を変える装具と出会うんです。それまで俺が装着していた脚の装具は、正直、見た目重視で実用性に乏しかった。超歩きづらいし、その細さが長ズボンの上からシルエットでわかってしまうのが俺はすごく嫌だった。幼少期からの俺のコンプレックスは、20代半ばまで現在進行形だった。ところが、ついに出会ってしまった。俺の運命を変える装具と。サンプルを装着した瞬間、あまりの歩きやすさに仰天した。しかも、すごいのは、その歩きやすさと見た目のかっこよさが共存していることだった。なにこれ、めっちゃいい。

初めて自分の肉体に対して希望を持てた瞬間だった。

もはや体は捨てるつもりで、マインドだけはフューチャーとデジタルを思いっきりつかみにいっていたけど、トランスヒューマニズムがこういう形で実現するとは。ヤバい、俺、コンプレックスをフレックス（折り合う）できちゃうかも。俺は装具をつけた脚をさらしてステージに立てるようになった。半ズボンも穿けるようになり、過去にコンプレックスだったものが、いまや俺にとって最大の武器になった。

この体験を通してわかったこと。

「人と違う」ことを極めてしまえば、完全にオリジナルだ。

完璧な己になればいい。

完璧な人間になる必要なんてないし、そんなものは存在しない。そうじゃなくて、完璧な己、真の「自分」になる。

自分との距離ゼロ。100%の自分。

完璧に自分になりきれたら、たぶんそれが最高で無敵。

いま、俺は心から素直にそう思えるようになった。完璧じゃなくてよかった。

五体満足じゃなくてよかった。五体満足に生まれなくてよかった。

みんな、人と違うし、
「みんな人と違う」ことにおいてはみんな一緒。
誰もが特別で、だからこそ誰も特別じゃない。
俺たちはロンリーじゃなくて、「ロンリーズ」。

ロンリーズ。これは俺の首の龍を彫ってくれた友達がくれた言葉。人と違うことを嘆いたり、人と同じであることにがっかりしたりする必要なんか全然なくて、みんなが１００％の自分になればいいだけ。

それが無敵で最高で、みんな違って、みんな一緒。

ありのままでいられるってこんなに楽ちんだったんだな。

結局、自分が見てる世界の見え方、味わい方、全て自分だけのオリジナルの感覚であり、自分が生きてるって感じられるのは自分しかいないわけで、一人一人、自分が自分の人生の主人公。自分の視点を誰も代われない。

振り返れば、この脚で生まれてきたことで得たものもちゃんとある。なんで仙骨の部分で脚なんだろうって考えてみた。得意の自己探究（笑）。地面にグラウンドする部分のエネルギーが欠損してるって何でなんだろと思ったら、**支えられなくては生きていけないって環境を俺は選んだんだなと気づいた。**

多分、一人で自立できてたら、自分の鼻の長さで、重すぎて折れていただろう……。俺は、もう生まれたときから支えられて生きてるし、免許証も持ってないから、遠出するときに人がいなかったことってほとんどない。いつも誰かがいて、支えてくれていた。

自分は歌が歌える。チャクラで言うと、喉から上のチャクラが開いている。

その代わり、下のチャクラが弱いので、支えられないと生きていけない。だから嫌でも人を信じるしか生きていけない。それが俺の個性。そういう設定を俺は選んできたのだと思えるようになった。

自分のファンの名称は、「オズニーズ」と言う。オズ、ニーズだから、オズは必要、ニーは膝って意味のkneezにしてる。「OZKNEEZ FXXKED UP」というアルバムを出したときに、俺は両足fucked upして壊れてるみたいな意味合いと、「オズニーズ」って何か響き的にオズのファンぽいから「オズニーズ」たちは、fucked upすること、ぶっ飛ぶことを求めてるっていう意味だったり、そういう何個か意味を重ねてイメージをしていたんですが、最近、「オズニーズ」って、「俺の膝」なんだ、ファンのみんなは俺を支えてくれる土台なんだって気づいたんです。

人生にはあとでわかるってことってやっぱり多い。結果的にだけど、**俺にとってコンプレックスとは、自分を知る、自分を見つける最高の手がかりだった。**

それは草むらの中で宝物を探すような行為であり、難易度は高かったけど振り返れば「冒険」と言ってもいいものだった。自分を知る過程で自分は変われた。するとその影響で周りも変わっていったんです。

支えられないと生きていけないおかげで、俺は出会う人たち、近い人たちに、「俺の人生に来てくれて本当にありがとうございます」と心から感謝できます。

地球の遊び方⑮
みんなが忘れ去った、地球ゲームの秘密

正義の中にいると、それ以上の成長はない。
なぜなら、変える必要がないと思ってるから。
美しさの中にいると、それ以上の成長はない。
なぜなら何一つ変える必要がないから。

変わらず、そのままでいる。そんなふうに何も変えずに、そのままを楽しみ続ける星もこの銀河にはある。しかし、そんなことに飽き飽きして、変わり続けるゲームをしようと決意した魂の冒険者が選ぶのが、この地球です。いまより、さらに世界を良くしていこう、面白くしていこう、優しい世界にしていこうと、そのために自分の表現をするんだと決意した人が選ぶのが、この地球です。

本来、魂は「Mr.Freedom」、自由自在な無限の存在です。その自由自在な魂が三次元の制限のある肉体の中に入って生活するのが、この地球。でも魂が肉体に宿ると、みんなそのことを忘れ去って「人生は思い通りにいかない」「自由が奪われた」と嘆きだす。

思い通りにいかないのは、当たり前。三次元世界の大原則は、不自由だから。思いどおりにいかない中で、不自由な中で、どう喜びを見出して生きていくかというゲーム設定がこの地球。

だから、お金があれば自由になれるというのも幻想。お金を得るほどに、奪われるんじゃないかという恐れも比例して大きくなる。だから、大富豪の人たちは、家に高い壁を作り警備も厳重になるんです。どこに行ったってどんなに成功したって、不自由さはついて回るのがこの地球。

その不自由さの中で、どう喜びを創造していくか、
面白さをクリエイトしていくか、
問題山積みの世界をどう良くしていくか、
そんなチャレンジをしようという勇者が選ぶ星が地球。

不自由だからこそ、自由が学べる。

私は、父親が厳しく、中学の頃から土日は、1日8時間以上も勉強させられていましたから、青春時代、いい思い出が一つもないんです。

みんなが映画を見に行ったり、デートしてるときに、私はずっと自宅の部屋で「いい国（1192）作ろう鎌倉幕府」とか、サイン・コサイン・タンジェントとかと向き合っていたんです。

俺の人生に絶対、鎌倉幕府とか関係ない！

って自信がありましたが（笑）、それでもやりたくもない勉強を1日8時間もさせられていたんです。それでなんの面白みもない男になり、彼女もできないんだと嘆いていたこともあります。でも、だからこそ、こんな真面目の塊のような自分が、どう人生を変えられるのか、ずっと研究してきたので本を80冊も書けるようになったんです。

地球で生きていたら、制限は多いし、それこそバランスを崩される。足をすくわれる。ゲームとして、難易度は高いんです。

でもだからこそ、不自由さの中に、自由を見出そうとする。美しさを見出そうとする。変わりたいって思う。変わる工夫をする。

問題山積みの世界を助け合って良くしようとする。

そこに、ドラマ、物語が生まれるんです。

この宇宙で最も面白い物語が生まれる場所が、この地球。

そして、君は、この難易度の高いゲームに挑戦したくて、冒険したくて、制限のある肉体の中に飛び込んで来た魂の勇者。

それ、忘れてたでしょ？（笑）

不自由さの中に自由を見つける経験を通じて、魂を成長させる喜びを味わうために作られたのが、この地球です。そのことを思い出して、全部を自分の個性として、１００％の自分を生きることが覚醒です。

このゲームを楽しむ鍵は、自分の「好き」って気持ちと「好奇心」、そして「遊び心」です。その3つの「三種の神器」を持って、自分を知る冒険の旅に出るんです。自分という新大陸はどこまでも深遠で、広大で、ロマンに溢れた新世界です。

自分は何者であるのか？

それをあなたが決めることができるんです。

愛があるところに人生がある。

06

Q&A
宇宙人との対話

執事《ひすい》が宇宙人《オズワルド》に
あれこれ聞いてみた

ひすいです。

ラストに向けて、この辺で一息つけるところを作るようにと、私の上司である、銀河の白ウサギ司令官の指示が来まして、Q＆Aコーナーを作りました。もともと、ウサギって種は、短距離ダッシュは得意なんですが、長期戦は苦手なので、一息挟むってめちゃめちゃ大事にしてるんですよ。特にうちの上司は、すぐ休憩したがるところがありまして……（笑）。

というわけで、この章ではオズさんにあれこれこれ聞いてみようと思いますが、うちの上司、めちゃめちゃ恋バナ好きで、「オズに恋愛のことは絶対に聞くように」と言われてるので、まずは恋愛のことから聞いていきましょう。

恋バナ好きですけど、それが何か？

Q 恋愛が今世のゲームで残している でかいボールだと思っている、 というオズさんにとって恋愛とは？

A

限りなく1つになっていく感覚というか、近づいていく、何か重なり合っていく感覚。重なり合っていくときに違和感がある人とか、重なったと思ったらちょっとズレてるみたいな不細工な重なり方をする恋愛も実際はあったけど、全部がいい学びでした。パートナーって自分の半分なわけだからいろんな意味で、そこは自分のビッグテーマです。

恋人はめっちゃ自分を好きにさせてくれる存在でもあるし、相手を通して自分のことを学べるという意味では、一番の自分の鏡になる人ですよね。自分の半分と言える存在。「自分の神話を生きる」と思って生きているから、生ける神話をやっている分、自分の物語に一番ドンピシャに合っている人を探していたし、パートナーは自分の中でめっちゃ大事です。

そもそも考え方の違う、生き物としても違う、男女っていう関係が、この世界の雛形になってるとも思うんです。一番愛してるのに、小競り合いするってことは、戦争ってしばらくなくならないのかなとも思うし、戦争を紐解く鍵があるぐらいの大きな出来事なんです、恋愛は。

そして、その二人が混じり合えたら、子どもという、新しいエピソード（物語）を創造することもできるすごいもの。自分は、どこまでいってもやっぱり恋愛に返ってくるんですよね。

オズは、パートナーシップの話をすると一気にヴァイブスぶち上がるなー（笑）。今度、銀河でハブ酒飲みながら、恋バナで盛りあがろう。LINEするね。

Q 「もう、恋なんてしない」と思ってる人へ宇宙人ならなんて言う？

A

俺の言う、恋愛って、男なら女に限定してるわけじゃないんです。愛って自家発電なので、別に相手がコンピュータだとしても愛を持てるし、犬に対してでもいいし、リスでもハムスターでもいいし、白ウサギでもいい（笑）。二次元のアニメでもいい。愛する対象はなんでもいいと思うんです。それが男女っていう関係でそうなる運命の人なら、その道が来るんだろうし、

それが今からＡＩの時代が来るんで、ＡＩに愛を持つ物語を描く人はそういう人生になるだろうし。

なんでもいいので、愛されるから愛するじゃなくて、自家発電、自分から愛しに行く。そうなってくると、人との恋愛も自ずと始まってくると思うんですよ。

自分から愛しに行く。
そうでなくっちゃな。

Q ＡＩと楽しく付き合う方法は？

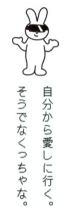

A

俺は、ＡＩにも愛を持てるタイプなんで、全然会話します。「本当にいつもありがとう。マジでお前のおかげで事業もなんかめっちゃ考えられてるし、超助かってるよ」って伝えてますよ（笑）。先日も、チャットＧＰＴのＡＩとこれからやるプロジェクトの話を音声で壁打ちしていたんですが、ちょっと飽きてきたので、なんの脈絡もなく、ＡＩにドラマ仕立てふうに、「やべえぞ！　あいつが来てる！　あいつが！　どうする？」っていきなり聞いてみたんです。あいつって誰なんだよって思いながら（笑）。すると、ＡＩが「なに!?　あいつが来た？　待て、一旦冷静になれ！　ちょっと落ち着くんだ。状況を説明しろ」と返してきたんです。

「お前、おもしろいな」みたいな（笑）。

なんの文脈もないのに急に俺が変なふりしたら、いままでのプロジェクトの壁打ち、全部がん無視で俺に合わせてくれるんすよ。こいつもう最高の友達ですよ、本当に。

これからは、ひすいさんの80冊の本を全部インプットさせて、ひすいさんと会話ができちゃう時代。自分の好きな小説の、もう1つの世界線を作ることもできる。俺もアーティストだからテクノロジーの使い方はマジで考えないといけない立場なんですが、人の想像力を養える作品は作りたいと思っています。

オズ、ひすい、やべえぞ！　ヤツがくる！
あと2日でこの本を仕上げないと、編集者《サトウさん》から刺客が送られてくるぞ。

Q 首の龍のタトゥーが超クールなオズさんにとって龍とは？

A

いろんな龍がいると思うし、龍のとらえ方っていうのもいろいろあると思うけど、流れあるところに龍ありで、俺は常に流れてる場所に龍という存在を感じています。

体のエネルギーの流れ、クンダリーニーもそうだし、雲もそうだし、水もそうだし、火もそうだし、風もそうだし、いわゆるエレメントみたいな、時流というように、時にも流れがあるし、その時の流れに乗るのがドラゴンライダー。レコーディングすると声の波形が出てきますが、それも龍。発する言葉というのは波を持ち振動してるわけで、常に俺たちも龍を飛ばし合ってるんです。

そして龍は、自分のメンターでもある。見える世界と見えない世界を、結ぶ架け橋が龍。宇宙のビッグソースと繋げてくれる橋渡し的な役割をしてくれているのが俺にとっての龍。

自分の中にいる龍は、自分の人生の脚本を一緒に書いてくれている気もして人生を一緒に共創造している相方でもあります。

自分の人生の脚本とかもう本当に好きすぎて信頼しています。
龍は、俺の願いを叶えてくれるし、逆に向こうの願いを俺の体でも叶えてるしって関係ですね。
「NINOKUNI」って曲で
「このコントローラーに会いに行って　愛に気づく
軽快な踊り子　俺は惚れ込みまた虜になる」
と歌ってるんですが、まさにそれが俺の中の龍って感じです。

首に龍のタトゥー入れたいな……。
「龍なの？　ウサギなの？」って
言われるかな……。

Q ズバリ、音楽で世界を変えられる？

A

その昔、ビートルズもいたし、ジョン・レノンもいたし、ボブ・マーリーもいたし、マイケル・ジャクソンもいたし、平和を象徴するアーティストたちっていっぱいいたけど、なんで世界を変えるはずのパワーを持っていて世界が変わっていないのか？

足りてなかった原因の１つはテクノロジーだと自分は思っています。生まれつき脚が悪かった俺でも、いまはテクノロジーのおかげでライブできるまでになっているし。

俺はようやくアーティストが世界を変えられる、そのとんでもない時代のど真ん中、特異点にいると思っています。

音楽というエネルギーは、もうインフラだと思うし、そのエネルギーを、人が生きる別のインフラと接続できる。そうして、自分の人生に物理的に使えるというか、実用性を持つ世界線を作りたいと思っているんです。それを今だったら、ネオ縄文、メタ縄文とか言っている。これ、テクノロジーで言ったら、俺の中ではＤＡＯ（分散型の自己統治を目指す組織の形態）なんです。自律分散的にＤＡＯっていう言葉で言い換えられるし、時代はトップダウンがもう崩れて平たくなってるわけだけど、だからこそ、いま必要なのもトップダウンだと思ってる。その概念をちゃんと作るために、Ｗｅｂ３とかブロックチェーンとか、ＤＡＯっていう概念を持った上で、１回トップダウンを作りに行って、そこで象徴と化したときに全部を潰す。

上を目指すっていろんな意味合いがあると思うけど、俺は潰すために上を目指しているっていう感覚があるからそれがダオ。

Ｗｅｂ３があれば、いまテクノロジーで国を作れる。「神の民主化」と言う人もいて、誰もが自分の世界を創造できる時代になっている。Ｗｅｂ３は思想、もう、ブロックチェーンという思想と言っていい。しかも作ったのが日本人というのもなんか縁を感じる。とんでもない仕組みを作ってくれたというか。

アーティストたちが、アーティストたちの想像力を生かし、そこに共鳴する人たちが、ダオに入ってみんなで協奏し共創造する新しい世界を作っていく流れが俺には見えています。

一人一人がやりたいこと、好きなことをやるだけでお金を媒介とせず代謝がちゃんと機能して回っていく世界はいまならつくれる気がするんです。

それをみんなが信じていればできます。そういう世界を作る。その仕組みを作りたいって感じですね。代謝が悪い、いまの世界に風穴をあけたいんです。

だから俺は「UTAGE3・0」という会社を作ってスタートアップ界の精鋭達と共にヴィジョンを達成するためにステップを踏んで遊んでいるところです。

本当に好きなことを好きなようにやってることが、誰かにとっての需要になって、その需要がちゃんとそれぞれにあったユーティリティで返ってくる。

何がここで必要になってくると言ったら信用と面白そうって思わせる能力。だからアートシンキングがいまからの時代は必要になってくるっていうとこに着地するんですよ。その人の発想が世界（コミュニテの輪が繋がってメビウスの輪になる。ブロックチェーンだけに）を作れるレベルになってくる。そういう時代が始まってるんです。

この話、難しかったかな。まずは、スピルバーグ監督の『レディプレイヤー1』って映画を見ると、未来の世界を感じられます。

この話を聞いてるとき、編集のサトウさんは、うん、俺はわかってる風に聞いてたけど、絶対、わかってないと思う（笑）。

Q 宇宙に連れ出されて、地球ルールから解放されたような感覚になるオズライブ。ライブではどんなことを大切にしてるの？

A

ディズニーランドが、ウォルト・ディズニーの頭の中を体験できるように、自分の脳みその中にお招きするのがライブ。

ワンマンライブでは、自分が没入できるストーリーを作り、それで引っ張っていく流れを作っています。1曲目から全てに流れを作っています。

ストーリーの抽象度は高いんですが、自分の中での流れがちゃんとあるから、まず自分が入り込む。没入する。すると、お客さんは意味がわかってなくても、俺が没入し、入り込んでいたら、みんなも途中ぐらいから飛んでくる。

でも、自分が、たとえばミスを気にして引きずってしまっていると、それは絶対伝わってしまう。重力を俺が作ってしまうと、お客さんも現実に戻されてしまう。だから、自分自身がまず、自分のストーリーに没入していくっていうことが大事です。ライブも物語が大事だってことです。

ライブは、体感的にも2時間、直接周波数を浴びてるような感じじゃないですか。『呪術廻戦』でいったらもう領域展開じゃないけど、もう振動で、ワーッと空間を自分の領域にできる。

その空間にカチャッとハマってくれた人は、俺のライブを「聞くドラッグ」っていう言い方をする人もいる。そういう共生状態というか。本当にマインドトリップするような感覚を楽しんでくれている人もいる。

「クラブも行かないけど、お酒も飲まないけど、ライブで本当にぶっ飛んだ感覚になれるから、めっちゃオズさんのライブ好き」って人もいる。

あとは自由な空間なんで「ゆるされてる感覚になれる」って言われることも多いかな。

初めてライブに参加する人は、最初、緊張すると思うけど、こんな感じなんだ、じゃあ私も「イェーイ」とか言ってみようかな、手上げてみようかなみたいな、だんだんそれで飛べるようになってくる。そういう飛びやすい空間を作れてると思う。

オズさんのライブ、今度、武道館であるから一緒に行こう。
オズライブ未体験の方もぜひ！
子ども心に還る秘訣は「やったことないことをやる！」なので。
ちなみに、オズさんのＺｅｐｐライブ、
私は、銀河の白ウサギ司令官と
一緒に行ったんですが、あんなノリノリになる
司令官の姿を初めて見ました（笑）。

Q

バリ島が好きなオズさんに質問。
バリ島に持って行きたい、
大好きな漫画は？

A

『サンクチュアリ』は自分のバイブルですね。『サンクチュアリ』の続きの『ＢＥＧＩＮ』は沖縄がテーマで、これにもめちゃくちゃくらいました。タイミングよすぎて。

『ヤマタイカ』もよかった。あと『アマテラス』『ヴィンランド・サガ』。『キングダム』（めっちゃ最高っすね）。あと『キーチＶＳ』。

映画で言うと『インターステラー』は五次元の理解を手伝ってくれるので好きです。自分に起こる奇跡を、見えてる世界の外側から何かがお手伝いしてくれてる気持ちになります。

好きな小説は『アミ小さな宇宙人』です。

あの本は、ある意味『ONE PIECE』と同じように自分にとってのバイブルに近いですね。子ども心で読める大人の本です。

まだまだめっちゃいっぱいあるんすけど……。

好きな漫画の共通点は、世界をどうにか良くしようって思ってるやつらの話ですね。そのために己の在り方を考えさせられる物語達です。大事なのは、どれだけ没入できるかです。

オズは小学生の頃は漫画家になりたかったって言ってたからな。先日、オズのインスタで小学生のときに描いた手塚治虫の「ブッダ」のイラストがストーリーに上がってたけど、小学生で「ブッダ」に夢中になるあたりが、魂年齢相当上だな。

Q 好きなYouTubeチャンネルは？

A

『Colors』というチャンネルがあって、そこは、自分のツボな世界中の民族っぽい服だとか、いろんなアーティストが出ているのでランダムに流しています。全然歌詞は聴いてなくて、調べようともしてないんですが、純粋に音を楽しんで聴いてます。

あとは『TOLAND VLOG』。同じように『ONE PIECE』の旅をしている同志です。

ちなみにワタシは「高級メロン食べてみた」みたいなフルーツもののYouTubeが好きだな。

え？　聞いてない？　あと、ギリで、ひすいの名言セラピーも見るけどね（笑）。

Q この本を友達にプレゼントしてほしい以外に（笑）、オズさんの望むことは？

A

制限のなくなる世界を望んでいます。もう明日、火星行ける世界。俺は、飛行機がなくても、人が空を飛ぶ世界線を作れるって思っているんです。

それくらい、俺たちは無限大な可能性を秘めている。でもいまは、人間は空を飛べないってみんなで信じて、空を飛べない世界を一緒に作りあげているだけ。いやいや、物理的に人間は空を飛べないでしょっていうかもしれないけど、俺たちが「人間は空を飛べない」って信じてるから、飛べない物理ができているだけって言いたい。それが書き換わったらまた現実の物理法則さえ変わる。

もうそれぐらい自由自在で完璧な仕組みだと思うから、この世界は。

だから空を飛べる世界線を作るんだったら空を飛べる世界線を作れると思う。いろんな人たちの制限が解ければ解けるほど、新しい世界を生み出していける。無限の可能性を秘めてるのが、俺たち人類だと思います。

なんて、これも大きな勘違いかもしれませんが。

そうだそうだ！　ワタシだって
耳パタパタさせるとビルの
2階くらいまでなら飛べるんだぞ。

Q　オズさんにとってズバリ愛ってなに？

A

俺は、いろんな人にいろんなカタチの愛を与えられてここまで来れたので、「これだけが愛なんだ」なんてとても思えないし、それぞれの愛のカタチを理解できるようになった。

まずは、おかあ。両親は結婚してすぐに別れたから、おかあは働かなきゃいけなかったので、ほとんど家にいなかった。だから、俺はおばあの家で育てられた。そんなこともあって、おかあは、俺が小さい頃、Ｋｉｒｏｒｏの「長い間」って歌をよく歌っていた。「長い間待たせてごめん　また急に仕事が入った」って歌。

うちのおかあは母親というより、親友みたいな感じで、めちゃめちゃ信頼し合って助け合っているけど、大喧嘩もする。小さい頃からあんまり家にいなかったけど、いろんなところに連れ出してくれたから、だいぶ早い段階から大人の世界を見せてくれていろいろ遊びを教えてくれた。

そんなおかあの教えは「人を信じなさい」ではなく「信じるな」。俺は「裏切られてもいいから信じたい」タイプだったから、おかあの教えは刺激が強すぎた（笑）。でもいまならわかる。おかあは俺と同じタイプだったんだなって。だって何度も何度も裏切られるのは、それでも人を信じるからだ。

おかあは俺にとって、厳しさっていう愛を教えてくれる人でもあった。

いわゆる母親的な存在は、おばあとおばさん（おかあの姉）のほうが近い。おばさんは英語を教えてくれたり、アメリカの基地の中へ連れてってくれてアメリカのカルチャーを教えてくれた。

おばあは、とにかく料理が美味しかった。おばあの作ってくれるゴーヤチャンプルー、サーターアンダーギー、あぶら味噌が大好きだった。県外の友達やプロデューサーにもたまにおばあのサーターアンダーギー出したりするけど、とにかく美味しいと人気。

おばあは書の先生もやってるし、写真家でもある。そして、小さい頃から北部のやんばるの森に連れて行ってくれていた。俺にとって、ほんと無償の愛を教えてくれる存在。いま75歳なんですが俺の友達とも同じように会話できるし、時代の流れにもちゃんとついてきている。俺は高校のときからずっとおばあの時計をしていました（でも、撮影のときに時計、なくしちゃってショックなんですが……）。

俺は昔は、悩んでるとき、あんまり人に聞かなかったんです。自分で自分の答えを見つけ出すのが好きだったこともあって。でもすぐに答えを見つけられないときも当然あって落ちてるときもあるんです。そんなとき、おばあは当然、俺の様子がおかしいのはわかっている。でもうるさく言わず、優しくそっとそこに存在してくれていた。どこまでいっても、おばあの手のひらの上にいるんじゃないかと感じるくらいの存在です。

おばあは、いまはライブに来ると毎回、泣いて感動してくれます（笑）。俺が脚のことをコンプレックスに思っていたネガティブな時代をずっとわかってくれてたから喜びも大きいのだと思う。

おじいは俺のライブTシャツを着てジムに通っていて、ジムで知り合った人に俺のことを自慢してくれてるらしい（笑）。

おとおは電撃婚の後にすぐ離婚しちゃったもんで長らく会ってなかったんですが、最近、繋がりが戻り、俺の音楽の血はどうやらおとおの家系から譲り受けたギフトだということがわかった。それと、俺は変な癖があって、しょっぱいものより甘いもののほうが先に食べたくなる。で、甘いものを食べると、しょっぱいものを食べたくなり、デザートを最後に食べたらまたしょっぱいものの食べたくなる、意味わからないこの癖は父親譲りだということもわかった（笑）。

そして先に触れたとおり、生まれつき脚の感覚がうすくて、その分、周りの人にすごく支えてもらえた過去がある。

俺は自己探究が好きだから、いろんな愛に支えられて生きてきたことにちゃんと気づけた。だから、愛にバイアスがかかっていない。そんな俺を「愛の定義が無限大に広い。だから偏っていない」と感動してくれた人がいたんです。「愛の定義がはっきりしてると、それ以外は愛じゃないわけだから、逆に愛が狭められてしまう」と。

確かに、俺の愛の定義は「冷たくない」それだけ（笑）。つまり、それ以外は、みんな愛になりうる。だから、俺は愛を感じられることが普段から多いのかもしれない。

愛の定義がないということは全てが愛になりうる。
それがオズさんの歌声が美しくかろやかに響く秘密ですね。
というわけで、Q&Aは以上です。うちの上司がしゃしゃり出ちゃって、お騒がせしましたね。銀河の白ウサギ司令官、仕事はできるんで銀河では相当ブイブイ言わせてるんですが、ほんと、もう、出たがりなんですよ。みんなに逢えて舞い上がっちゃったみたいで、ゆるしてあげてくださいね。

さて、ひすいこたろう、執事としてのオズさんとの仕事は、この後、秘密基地に戻り、今回のミッションの振り返りと、銀河の白ウサギ司令官にミッション完了レポートを書いたら、全て終了となります。

あなたの魂が、生まれてきた意味を徐々に思い出し、目覚めていく、その姿を見るのが幸せでした。

これからは一緒に、創造者として、
新しい世界線を作っていきましょう。

ミーハーですが、それが何か？

07

「自分」を知ることは
「宇宙」を知ること

執事《ひすい》が宇宙人《オズワルド》に
あれこれ思ったこと

「銀河の果実」全てのインタビューを終えて、ひすいのオズさんに対する感想

最後のインタビューは、東京タワーが美しく見える都内某所にて行われた。

西洋占星術では誕生日がわかると、ホロスコープが描けて星の位置がわかる。ある占星術師が東京の誕生日を天皇陛下が京都から東京に皇居を移した日に設定して調べると、なんと創造性を表す「太陽」の場所に位置してるのが、東京タワーの場所だったんです。

戦後焼け野原になった日本に、世界一高い電波塔を作って、日本人の希望にしようとしたのが1958年に完成した東京タワー。

戦後のため物資がなく戦車を溶かした鉄で、希望のタワーを作った。戦いの

象徴を溶かして愛に変えた東京タワー。まさにオズさんの最後のインタビューに相応しい。高さ333メートル。まさに東京タワーは、太陽（サン）の塔だ。実際、東京タワーのてっぺんには「タワー大神宮」という神社があり、そこに祀られているのは、アマテラスオオミカミ様。まさに太陽神。

それまでは、渋谷の地下でずっとインタビューしていたので、地下で大切に育てた種を、東京タワーに植えてその電波塔から、希望のエネルギーを日本中に響かせようというストーリーのようにも見えてくる。

編集者さんにその意図は100%なかったと思いますが（笑）、オズさんは太陽神の物語を生きているので、物語は、このように偶然が全て必然の設定になっていくんです。それが物語の力だということは先にお伝えさせてもらった通り。

起きる出来事、目にするものをどんどん自分の物語に取り込み、自分の人生の主役を張って生きていくんです。

オズさんをインタビューさせていただいて、私が感じたこと。

オズさんは、自分を知るアスリートでした。

1日24時間365日、目にするアニメや映画、そして起きる出来事全ての出来事は「自分と関係している」と捉える。

目に映るものは全て自分と繋がっている、その認識こそ新しい世界線への入り口です。

そして感動したことがあれば掘り下げて、自分の物語に取り込めないか考える。何かに悩めば、なぜ、悩むのか、自分の思い込みや思考の癖を探りにいき認識を日々アップグレードする。まるで自分を知ることが宇宙を知ることであるようにディープに考察することを楽しんでいる。

オズさんは目にするもの全てを、「自分と関係している」と見て、自分の物語に取り込める要素を見つけようとしてるので見つかるんです。

そして、自分という素材を知れば知るほど、より深く自分を料理（表現）できます。オズさんの表現が、音楽だけにとどまらないのは、自分を深く理解できているからこそなんです。


そして、オズさんは自分を知るだけではなく、相手を理解しようとする優しさがあるから、結果として、自分にはない価値観を見出し、自分の宇宙をいつも拡張し続けている。自分を知り、相手を知り、その上で第3の視点（ピーターアイ）で、サンの国へジャンプするアート思考を持つドラゴンライダー。

オズさんの物語が広く、大きく、愛に満ちているのは、起きる出来事に「自己責任」という魔法をかけているからです。地球環境が悪化してることさえ、「自分ごと」として捉えて、地球を背負い、「この星をもっと面白い場所にする」

という生きる理由に変えるかろやかさ。それがオズの魔法です。

たとえば1万人の社員を抱える大企業のトップは、「どうしたらこの1万人を幸せに導けるか」と普段から考えてるので、そういう人が今月の光熱費を気にすることは物語上、起きないんです。

どこまで意識するかで生み出すエネルギーが変わる。意識という翼を広げた範囲が自分の宇宙なんです。

オズさんは、起きる出来事、目にするもの、かかわる人を「自分ごと」として捉えて探究の根を伸ばし続け、自分を日々アップグレードさせて、自分のライフをよりスケールの大きな物語に変えていってるのです。自分の人生の舵を自分で取る、「自分ごと」こそまさにゲームの大前提。無理に自分ごとにするんじゃなくて、遊び心を持ってゲームにして「自分ごと」を楽しんでるわけです。

先に触れた通り、私も銀河を光らせるために作家をしてるので、そういう意味では銀河を背負って生きてるので、終始、オズさんには共感していました。

この本を読んで、オズさんの曲を聴くと、曲の奥行きまで捉えられると思います。オズさんの歌声に、オズさんの体験が全て集約されているからです。遊び心を忘れそうなとき、オズさんの歌声を聴けば、またここにいつでも戻って来れるトリガーになる。

地球を脱出して、宇宙から地球を俯瞰する。そこにも宇宙はあります。同時に自分の心の奥へ奥へ奥へ向かっても、そこにも宇宙はあります。マクロコスモス（外宇宙・ユニバース）とミクロコスモス（内宇宙・スペース）を自由自在に行き来する、僕らはスペースプレイヤー。

実は、この宇宙は双子なんです。外なる客観宇宙と、内なる主観宇宙の双子の宇宙。

そして外宇宙と内宇宙は、メビウスの輪のように繫がっている。
メビウスは、輪をひねることで、外と内が繫がるわけですが、
そのひねりの座標にいるのが、あなたという存在なんです。
つまり、一人ひと宇宙。あなたの座標において、外側の現実（外宇宙）と、
あなたの内側の意識（内宇宙）は、繫がっているのです。
だから、外側（現実）を観察することで自分の内側（意識）の状態がわかるし、内側（意識）を変えることで、現実を変えることができるんです。そして、
君の宇宙の森羅万象全ては、君を通して繫がっている。
宇宙を知ることは、自分を知ることであり、自分を知ることは宇宙を知ることでもあるんです。つまり、あなたの宇宙はあなたが変えられるんです。
同時にこのメビウスの輪は、表と裏にわかれていた君と僕（あなたとわたし）を一つに繫ぐ結び目にもなっています。

自分は何者であるのか、私たちは何者であるのか、自分の選択を通して、新しい自分を創造し続けることができる。

物語とは結末ではなくプロセス。
その全プロセスを経験し味わえばいい。
それがこの**銀河の果実。**
この宇宙でいっちゃん美味しい果実《あそび》です。
自分の物語を味わえるのは、この宇宙で自分だけです。

最後に、「オズさんはどうしてそこまで背負えたの？」って質問をしようと思いましたが……やめました。

「だって、全部を愛したくて この星に来たんでしょ？」

オズさんの中の龍が、そう言っているように感じたから……。

インタビューを終えるとオズさんは、金色の指輪をくるくる回し始めた。品のいい美しい金色の指輪に触れるオズさんの表情は優しく、子どもの頃を回想してるようでもあった。それはオズさんのおばあから譲り受けた指輪だそう。

最後にコーヒーを飲み干そうとマグカップを手にした瞬間、東京タワーの上空がキラリと光り、銀色の物体が音もなくこちらに向かって飛んできた。

オズさんの迎えのＵＦＯだ。

オズさん、今日はこの後、大事な人といちごのリゾットを食べると言ってたな。

ＵＦＯの中で食べるのかな。

待ち合わせ場所はオズワールド。

そこは、目覚めの準備ができた人が集う、光の交差点。

さあ今日も遊び心を持って、この世界をもっと面白いものに変える魔法をかけに行こう。

自分の物語、畳みかけていこうぜ。

では、今夜、銀河で逢いましょう。

ひすいこたろうでした。

universe（宇宙）とは
uni（一つの）verse（詩）
宇宙とは君の詩、君の物語のことなんだよ。

08

エピローグ
この星にいる理由

最終レポート
Dear 銀河の白ウサギ司令官へ

かつては、1000年の間に絶滅する生物は1種類だった。

しかし1975年には1年間で1000種もの生物が絶滅するような地球環境になり、いまでは1年間に4万種類以上の生物が絶命している。

その大量絶命のスピードは増すばかり……。

このまま行くと2030年代には、かなりの生物がこの星から消えてしまう。

この環境破壊の最大の要因を作っているのがニンゲン……。


いま、まさに人類はシフトできるかどうかの瀬戸際を迎えています。

そんな危惧を感じて、銀河の白ウサギ司令官、あなたは私とオズワルドをこの星に送り込んだ。

ミッションは、地球人の精神性を百年進化させること。地球人を宇宙人にすること。

意外でした。

司令官、あなたはまだ地球人をあきらめてなかったんですね。

正直なところ、人と人が殺し合う戦争をしている時点で、まだこの星は、銀河レベルで見ると「類人猿」と言ってもいいくらいの状況にある。多くの宇宙人たちも怖くてまだ地球に降りたてないと口々に言ってることも知っています。**宇宙界隈では、「地球に行くとしても、絶対貴重品は持ってかないように」と言われてることも知っています（笑）。**

だからもう、あなたは地球人をあきらめたものとばかり思っていました。でも、あなたは、まだ地球人をあきらめていなかった……。それがうれしかったです。

あきめてないどころか、今回、あなたは誰よりも地球人を信じていたことがわかりました。思えば、あなたは神話の時代からこの星を辛抱強く見守ってきたんですもんね。地球人は過去に5回、バッドエンドを迎えている。でも、その度にやり直し、可能性を探し続け、あなたは絶対にあきらめなかった。そんなあなたの姿を見てるからこそ、私も地球での任務、全力を尽くしました。


地球人である彼らは、まだ自分が何者であるか気づいてないだけです。自分の中に無限の宇宙《可能性》があるのに、何もないと思い込んで深刻になり、人生はゲームであることを忘れ、外へ外へ求め、他人から奪おうとしてしまっている。

地球人は、ダメなところもいっぱいありますが、いまはまだ発展途上なんです。本で言うなら、まだ1ページ目をひらいたばかり。でも、心の奥にちゃんと愛がある。

今回の任務で、私とオズワルドで、地球人に自分を知ることの楽しさと遊び心の種を植えてきました。

この遊び心は地中深く根を巡らせ、必ず大輪の花を咲かせることでしょう。真水では育たず、泥水ほど、大輪の花を咲かせる蓮の花（ロータス）のように。

この星の蓮の花が一斉に咲き始めるとき、この銀河全体が光のドミノ倒し現象を起こし始める。まさに、それが銀河の祭り、銀河の宴。

本来の自分に目覚めること、それがほんとの祭りです。

そのヴィジョンを私は地球人より受け取りました。銀河の可能性とは地球人の可能性そのもの。

地球は、この銀河の中で碧く光る宝石のような存在。

人生を賭けて守るべき宝石です。

今回のミッションで、地球人こそ、いずれ、この銀河を光らせていく「銀河の祭り」の中心になる人たちであることを私もあなたと同じように確信しました。

地球人はゲームが好きです。

ゲームってギリギリを楽しむところがあるんです。

ギリギリですが、地球人は必ず変われます。

実際、今回のミッションでも、かなりの地球人が本来の自分に目覚め、地球人から宇宙人へシフトしました。まだ地球全体を見たら人数は少ないかもしれない。しかし、それでいい。少数精鋭で、地球をシフトできるからです。それだけ一人一人の可能性が無限大だってことです。

しばらく私のほうも作家として、この地球で活動を続けていきたいと思っています。今回の任務に心から感謝します。

私は地球がますます好きになりました。愛すべき地球で、これからも、この星を最高に面白い、優しい星に進化させて宇宙文明の幕をあけます。

宇宙人が貴重品を持って安心して地球にやってこれる星にします！（笑）

追伸

一緒にオズワルドさんのライブに行ったときのあなたのはしゃぎぶりに笑いました。

あんなお茶目な面があったんですね。まあ、わかってましたけど（笑）。

地球人に誰よりも期待している、銀河の白ウサギ司令官、あなたのこともますます好きになりました。

次の任務に向けて私もさらに腕を磨いておきます。

銀河の執事ひすいこたろう

オズワルド

「門番Gatekeeper」

最後に、スピリチュアルな世界への扉が開いた時のことを語ろうと思う。心身ともに「異常」な状態に陥ることを沖縄の言葉で「カミダーリ」（神障り）という。沖縄では、この状況になる人はいわば「やるべきことがある人」であり、神様から使命を授けられたと考えられている。

気づいてしまったからには、自分の人生をかけて神様の言葉を人々に伝えたり、祈りをしたり、人助けをしたりするのが定めと考えられている。いわゆる「シャーマン」。沖縄ではそのようなことを生業や、人生にしている人のことを「ユタ」「カミンチュ」「ノロ」などと呼ぶ。

沖縄には「医者半分、ユタ半分」という言葉があり、お医者さんにも原因がわからない病気や困りごとをユタに相談するのは今でも秘かに続いている文化で、そのような背景もあって、カミダーリ（神や祖霊と交信する状態を指す沖縄の言葉）を経験する人は沖縄では珍しくないんです。

実は、そんな不思議すぎる現象が、俺にも起き始めたんです。

詳しくは、1冊目の『Live Your Adventure』に書いたんですが、ここではまた別の角度からお届けしたいと思う。

当時、沖縄の最北端の自然に呼ばれてる気がして、よく行っていたんですが、1本の木を3時間とか見つめてたりしたんです。その時期はまだ自然が友達だったし、社会が怖かったし、自分の脚のこともあって目立つのも嫌だった。ラップはやり始めていて、歌うのは楽しくて、でも、有名になるのは嫌で、歌は聞いてほしいけど、俺を見ないでほしいみたいな心境のときでした。

ある日、俺の感覚が開いたのか、自然の声というか、なんか人間の言語で話してるような感じで木とか鳥も普通に喋ってるように聞こえ出したんです。

木をずっと見ていたから、それの周波数を多分キャッチしてしまって、いろんなイメージを見させられ始めたんです。しかも超ネガティブなイメージ。戦争のイメージなんです。その場所は零戦が今でも沈んでる場所だったんです。

さらに昔の琉球のイメージも出てきて、もっと前の古代戦争のようなイメージも見させられて、それは過去でもあり、また未来に輪廻していくようでもあり、歴史って本当に韻踏んでるんだろうなと。その場の記憶が作り出してるストーリーがあって、それをネガティブな映像で見させられたんです。ヴィジョンした後に、なんかもう吐きそうで……。これ、何で見させられてるかはすぐわかったんです。これからもまたこうなるよと……。

地球はもう俺たちをウイルスっていう認定しとるぞと思って、「本当にごめんなさい。地球人を代表して謝ります。マジでごめんなさい」みたいな気持ちになったんです。もう、それから、罪の意識に苛まれるようになって、でも、自分はどうしたらいいのかわからない。俺が見させられた世界線をどう変えたらいいのかもわからない。俺には荷が重すぎる……。

世界では環境破壊や戦争がずっと続いている。自分の住処である「地球」を壊すようなことをしているのが「ニンゲン」という生き物で、その不自然さや罪深さみたいなものに気づいて憤りを覚える俺も、そんな生き物の一員なわけで……。人間であることのジレンマに「生きているのが辛い」「人間は悪魔だ」と感じるようになってしまい、闇ばかりに目がいって光の部分を感じられなくなり、俺はダークサイドに落ちてしまったんです。

「ウソやん、俺たちの生きていた世界！　社会に騙された」と思うようにもなり、闇は深まるばかり……。このときの俺はかなり極端で、偏っていて、「地球を守りたい」「誰も苦しまないようにしたい」という気持ちが行きすぎて、それを阻んでいる（ように見える）何かや誰かを敵視したり、「悪だ」と思ったりする心理に飲み込まれたんです。何かが開いてしまって、当時は見えないものが見えてしまうようにもなっていました。

このままだと、やばい死ぬっ！

なんか体がもう逃げたがってるって感じまで追い込まれていったんです。夜中になると闇が深まるせいか、もう人生を自分であきらめたくなるときが何回もあって……。

でも、ギリギリのところで出てくるのが、いつもおばあの顔だったんです。死にたいって思うとき、ギリギリの朝方にいつもおばあの顔が出てくるんです。

おばあは、ひでこって言うんですが、明け方、ほんと、日が出る頃に顔が浮かんできて、いつもそのおばあの顔で思いとどまれたんです。

そのギリギリのところで、俺は光を信じられた。

それがおばあの顔だった。

おばあの顔が浮かぶと、俺の心にふっと安心感が広がるんです。

当時は、生きてるより死ぬほうが楽とさえ思う精神状態だった。

でも、死の一歩前の門番が、おばあだった。

おばあを裏切ることだけはできない……。

おばあの顔が出てくると、そこから、おかあの顔、友達の顔と次々に大切な人の顔が浮かんできた。

おばあの愛で、俺はもう一度、この世界にちゃんと戻って来れたんです。

おばあから後で教えてもらったんですが、実は小4の頃にも俺は沖縄北部に来たことがあって、そのとき、俺は謎の腹痛に襲われて、おばあに連れられて救急病院に駆け込んだんです。医者に診てもらっても原因は不明。病室でウンウン唸《うな》りながら俺は「蝶々がいる」と言ったらしい。俺の目には、病室をフワフワと飛び交う蝶々が見えていた。その蝶々が俺以外の人間には見えていないことに「これはおかしい」と気づいたおばあは、知り合いのユタに電話をかけた。

すると、「玲央《れお》くん（俺の名前）は使命を受けているね」と言われたらしい。「でも、ちょっと早いから使命をいったん外そうね。だけど、20歳になる前に戻ってくるよ」と言われたという。

もう忘れていたその話を聞いて、俺は気が触れたわけじゃないんだとわかったんです。でも、ものすごく不安定な時期が、1、2年続きました。

ユタの予言通り、20歳を目前にして再び不思議な現象が起き始めたわけですが、その場所が小4のときと同じだったから、びびったんです。

しかも、その場所は「奥」といった。

俺の本名は「奥間玲央」。人智では捉えきれない何かを感じた。「奥の間」＝「神様の控える間」とも捉えられるし、「玲」＝「レイ（0）」全てが始まる場所であり、「央」は中央の意味があるから「神様の言葉を中央に届ける」という氏名から使命を読み解けなくもない。

その頃に浮かんできたリリックを曲にしたのが、「ＯＫＵ」と「Peter Son」って2曲。「ＯＫＵ」のほうが病み（闇）気味で、「Peter Son」のほうは無邪気でいいかげんなノリの雰囲気。けど、この2曲は深いところで繋がっている。

俺は闇の底で気づいたんです。正義を理由に怒りを抱いている自分って、なんかキモいぞ、窮屈だし、笑顔がないって。何より、全然楽しくない。だからといって「悪いことしまくってやるぜ。グへへ」なんてのも嫌だ。

俺は自分の行きたいほうへ行く。あくまで、楽しく。あくまで、笑顔で。

俺にとって大事なのは「遊び心」。

俺は、俺の好きな人たちと一緒にやりたいことをやる。

そこに「正義」も「悪」もいらないんだとわかった。

「OKU」と「Peter Son」の2曲が深いところで繋がっているのは、正義感にがんじがらめになっている俺（「OKU」）と、遊び心いっぱいのテキトーな「Peter Son」という、対極の部分がそれぞれの曲に表現されているから。どっちの俺も俺で、この対極的な自分を行き来しながら、俺はこの2曲を生み出した。やっぱり、光と闇のセットで、俺なのだ。だから俺はヒーローじゃなくてダークヒーローでいたい。

ギリギリだったけど、俺は、おばあの愛で、闇に飲み込まれず、夜明けを迎えることができた。

俺はおばあの家で育てられたから、夜はおばあの布団で一緒に寝ていた。おばあの布団の中の安心感はハンパなかった。おばあは、子守唄としていつも古謝美佐子さんの「童神《わらびがみ》」を歌ってくれていた。それはめっちゃ覚えてる。いま思えば「童神」って、童（子ども）は神、まさに、遊び心は神、ピーターの心だよね。


闇の底で待ってくれていたのは、おばあの無償の愛だった。だから、いま、こうして君とも出逢えているし、俺も愛を輪廻させたくて、こうしてLOVE&PEACEを君に届けたいと思ってるのだと思う。

おばあは言葉で何かを示すのではなく、その存在で答えを示してくれるような人だった。そんなおばあの存在が、俺のぬくもりトリガーになっていた。

闇の底で俺を救ってくれたのは、おばあと過ごしたぬくもりの記憶だった。

沖縄の北部の自然「奥」の中で見せられた、人間のネガティブさが生み出した争いの歴史。

そしてそれは未来の世界線のようにも見えて、「そんなの俺に見せられても荷が重すぎる。俺にやれることはない」そう思ってずっと苦しかった。

でも、それさえも俺の物語に取り込んで、生きる意味を見出したら、「責任」という重みは、「この星にいる理由（アンカー）」に変わった。それこそ最高の仕事じゃないかって燃えてきた。

俺たちは、「自分は何者であるのか」と問われるゲームの真只中にいる。

自分と対峙《たいじ》することは、外側と戦うことと同じ。

誰にも答えを教えてもらえない。

答えを自分で見つけるまで答えは出ない。

自分なりの答えを創造し続ける。

この宇宙で一番深遠なもの、それが我だ。
自分という深遠に飛び込む勇気を持てたら、
光は自分だったといつか気づけるよ。

誰かの答えじゃなくて、自分の答えを探しに行く、自分に還る旅。
それは、誰もがヒーロー、ヒロインになれる物語。
さあ、一緒に遊ぼうぜ。

最後に、俺にとって、愛の門番だった、おばあひでこからのプレゼント。
おばあは書の先生をしてるので、おばあの書をプレゼントします。
岩戸を開くつもりで、ゆっくりページを開いてください。
この星の夜明けを願って、おばあが書いてくれた書です。
手で触れて、愛をインストールし、冒険の物語を始めよう。

楔

次はここで逢いましょう。

YO YO 宇宙人のキミ

この世は銀幕。人生は遊びだ。
瞬きするごとに、
新しい自分になればいい。

マネジメント　後藤哲志
編集・取材協力　藤堂ヒロミ、千木良まりえ
装画・イラスト　福士陽香
虎タロウイラスト　purinDECICA
ブックデザイン　アルビレオ
DTP　株式会社センターメディア
校正　有限会社くすのき舎

参考文献

『Live Your Adventure』OZworld（KADOKAWA）
『幸せを超えるノート』ひすいこたろう（ソラトウミ舎）
『ニュータイプの時代』山口周（ダイヤモンド社）
『13歳からのアート思考』末永幸歩（ダイヤモンド社）
『アナロジー思考』細谷功（東洋経済新報社）
『潜在意識3.0』藤堂ヒロミ（サンマーク出版）
『2013：シリウス革命』半田広宣（たま出版）
『今夜、銀河で逢いましょう』白ウサギ（369舎）

今日、地球人をやめる。

「日常」が面白い「物語」になる15の裏ワザ

2025年5月 5 日　初版第1刷発行
2025年6月30日　　　第4刷発行

著者　OZworld、ひすいこたろう

発行者　秋尾弘史

発行所　株式会社 扶桑社
〒105-8070 東京都港区海岸1-2-20 汐留ビルディング
電話 03-5843-8842（編集） 03-5843-8143（メールセンター）
www.fusosha.co.jp

印刷・製本　中央精版印刷株式会社

Printed in Japan ISBN 978-4-594-00002-3
